Bessie Head:
Die Schatzsammlerin
Erzählungen

Deutsch von Uta Goridis, Evelin Petzold, Ursel Reinecke und Ingrid Westerhoff

Deutscher Taschenbuch Verlag

Ungekürzte Ausgabe
Februar 1993
Deutscher Taschenbuch Verlag GmbH & Co. KG,
München

Titel der englischen Originalausgabe:
›The Collector of Treasures‹

ISBN 3-922166-37-7
Ins Deutsche übertragen von Evelin Petzold (›Life‹), Ursel Reinecke (›Kgotla‹), Ingrid Westerhoff (›Die Schatzsammlerin‹) und Uta Goridis (alle übrigen Erzählungen)
Umschlagtypographie: Celestino Piatti
Umschlagbild: Rotraut Susanne Berner
Gesamtherstellung: C.H. Beck'sche Buchdruckerei,
Nördlingen
Printed in Germany · ISBN 3-423-11639-0

Das Buch

»›Du hast also deinen Mann umgebracht, wie?‹ bemerkte die Aufseherin mit einem Anflug von Humor. ›Du wirst in guter Gesellschaft sein. Wir haben noch vier Frauen hier wegen desselben Verbrechens. Es kommt geradezu in Mode.‹« Die da ins Gefängnis eingeliefert wird, heißt Dikeledi, das bedeutet »Tränen«. Sie wurde so benannt, weil ihr Vater zur Zeit ihrer Geburt starb. Dikeledi ist eine tüchtige Frau, die ihre Kinder alleine großzog, nachdem ihr Mann sie verlassen hatte. Sie sammelt Schätze, nämlich Zuneigung und Freundlichkeit, wo immer sie sie findet. Als ihr Mann nach acht Jahren in den Haushalt zurückkehrt, um sie finanziell und sexuell auszunutzen, ohne sie auch nur im mindesten zu unterstützen, verzweifelt sie. Bessie Head bezog die Anregungen für ihre Geschichten oft aus dem dörflichen Leben, seinen Konflikten und seinem Klatsch. Kompromißlos und provozierend geht sie ihre Themen an: Rassismus und Sexismus, das Aufeinanderprallen von Tradition und Moderne, die Folgen des Kolonialismus und die Rolle der Frauen in der afrikanischen Welt. »Viele ihrer Erzählungen enthalten eine fast schon flehentliche Beschwörung der Würde und der Bedürfnisse einfacher Frauen und alleinstehender Mütter, gerade auch dort, wo deren Überlebensstrategien komische, resignierende, mörderische oder verblendete Züge annehmen ... Mit der gleichen Unbedingtheit, mit der sie ihre Wut aus sich herausschreibt, entwirft sie Menschen, Frauen und Männer, die ein ›Gedicht von Zärtlichkeit‹ sind.« (Bettina Decke in der ›taz‹)

Die Autorin

Bessie Head, geboren am 6. Juli 1937 in Pietermaritzburg in Südafrika, bekam als Tochter eines schwarzen Vaters und einer weißen Mutter die Rassendiskriminierung hautnah zu spüren. Auch in ihrem Beruf als Lehrerin wurde sie eingeengt. Sie zog die Konsequenzen und ging 1964 ins Exil nach Botswana. Dort ernährte sie sich und ihre Kinder vom Gemüseanbau, denn vom Schreiben allein konnte sie nicht leben. Sie starb im April 1986. Außerdem in deutscher Sprache erschienen: ›Die Farbe der Macht‹ (1973; dt. 1987).

dtv drei kontinente

Meinen Freundinnen Betty Sleath
und Gothe Kgamane gewidmet

Danksagung

Besonderen Dank schulde ich Professor Nyembezis wunderbaren Interpretationen von ›Zulu Sprichwörtern‹ (›Zulu Proverbs‹, Witwatersrand University Press, Johannesburg 1954), die ich bei der Arbeit an dieser Erzählsammlung zu Rate zog.

Inhalt

Der tiefe Fluß
Die Geschichte einer frühen Volkswanderung

Vor langer Zeit, als das Land nur unbefestigte Pfade und Wege für die Herden besaß, lebten die Menschen wie in einem tiefen Fluß zusammen. In diesem tiefen Fluß, den kein Konflikt, keine Vorwärtsbewegung aufwühlte, lebten die Menschen ohne Gesichter, abgesehen von ihrem Oberhaupt, dessen Gesicht das Gesicht aller war; wenn er sich Monemapee nannte, dann waren sie die Leute Monemapees. Das Volk der Talaote hat seine Ursprünge und seine ursprüngliche Stammessprache auf seinem Weg nach Süden vergessen – immer wieder hat es sich mit anderen Völkern vermischt –, und der Name Talaote ist alles, was die Leute in Erinnerung behalten haben. Bevor der tiefe Fluß von einem Konflikt aufgewühlt wurde, gehörten sie alle zu Monemapee, dessen Königreich irgendwo in der Mitte Afrikas lag.

Sie erinnerten sich, daß Monemapee viele Jahre lang regiert hatte, denn die Haare auf seinem Kopf waren schlohweiß, als er starb. Da auf beiden Seiten des Flusses feindliche Völker und große Gefahren lauern konnten, lebten die Menschen alle in einer einzigen großen Stadt. Die Felder, die sie bestellten, waren immer in der Nähe dieser Stadt. So hielten es alle, um sich zu schützen, und ihr Alltag ließ keine individuellen Gesichter zu, denn sie bestellten ihre Felder, zogen ihre Kinder groß und feierten ihre Fest, wie es die Gesetze vorschrieben.

Obwohl die Menschen ihr eigenes Stück Land bekamen, durften sie nicht ohne die Erlaubnis des Chiefs mit dem Pflügen beginnen. Wenn sie sich auf den Weg machten, ihre Felder zu bestellen, ließ der Herrscher verkünden, daß es Zeit zum Pflügen sei. Und wenn die Ernte soweit war, überzeugte er sich davon, daß das Korn reif war. Er sammelte die Leute um sich und sagte:

»Bringt die Ernte ein und kommt wieder zurück.«

Und wenn sie die Ernte eingebracht hatten, beraumte der Herrscher das Erntedankfest an. Daraufhin brachten die Frauen der ganzen Stadt ihr Getreide in flachen Körben zu dem

Chief. Einen Teil nahm er an, den Rest gab er ihnen jedoch zurück, damit sie ihn auf ihren Höfen quellen lassen konnten. Nach ein paar Tagen sandte der Chief seinen Boten aus, der verkündete, daß die Erntedankfestgerste gestampft werden müsse. Dieser Bote ging durch die ganze Stadt, kletterte auf jede kleine Erhebung, auf jeden Hügel und rief:

»Hört Leute, die Gerste muß geschrotet werden.«

Die Menschen nahmen also das gekeimte Getreide und zerstampften es, und nach ein paar Tagen kam der Bote zurück und rief:

»Die Gerste muß jetzt gegoren werden!«

Ein paar Tage vergingen, bis er rief:

»Die Gerste muß jetzt gekocht werden!«

Und in der ganzen Stadt wurde daraufhin das Bier gekocht, und als es durchgeseiht worden war, rief der Bote des Herrschers zum letztenmal:

»Das Bier muß jetzt gebracht werden!«

An dem Tag, an dem das Erntedankfest gefeiert werden sollte, gingen die Frauen alle in einem langen Zug, eine hinter der anderen zu dem Hof des Obersten. Dort standen große Gefäße bereit, in die die Frauen gleich bei ihrer Ankunft das Bier schütten konnten. Dann versammelten sich alle übrigen Bewohner, um das Erntedankfest zu feiern. Alle Menschen lebten so, wie ein einziges Gesicht ohne individuelle Züge unter ihrem Herrscher. Sie hatten diese Reglementierung ihres Wesens akzeptiert, wenn es jedoch Streit gab oder Zwietracht, Habsucht und Konflikte wie Sturmwinde über den tiefen Fluß fegten, dann erwachten die Menschen und zeigten ihre Gesichter.

Monemapee hatte während seines Lebens drei Frauen gehabt. Und aus diesen Ehen stammten vier Söhne: Sebembele von seiner ältesten Frau, Ntema und Mosemme von seiner zweiten, der jüngeren Frau und Kgagodi von der dritten, der jüngsten Frau. Dann wurde ihm ein fünfter Sohn, Makobi, geboren, der noch an der Brust seiner Mutter lag, als Monemapee starb. Seine Mutter, Rankwana, war die dritte und jüngste Frau. Wegen Makobi, dem fünften Sohn, kam es zu heftigen

Auseinandersetzungen. Es gab da ein Geheimnis: Monemapee hatte Rankwana, die dritte und jüngste Frau, als hochbetagter Mann geheiratet. Sie war jung und schön, und Sebembele, der älteste Sohn, verliebte sich in sie, was jedoch streng geheimgehalten wurde. Nach dem Tod Monemapees wurde Sebembele, der älteste Sohn, Chief und beging gleich einen großen Fehler. Er beanspruchte Rankwana für sich und verriet ihr Geheimnis, daß nämlich Makobi, der fünfte Sohn, von ihm und nicht von seinem Vater gezeugt worden war.

Diese Enthüllung wurde von den Leuten mit großem Unbehagen aufgenommen, und die ersten Wellen kräuselten die ruhige Oberfläche, die der Fluß ihres Lebens gewöhnlich aufwies. Wenn beide, der Junge und der Alte, dieselbe Hütte aufsuchten, gaben sie zu bedenken, dann war der Alte vielleicht keines natürlichen Todes gestorben. Sie fragten die Ratgeber, die in alle Geheimnisse eingeweiht waren.

»Monemapee starb, als er sich die Füße vertrat«, beruhigten sie sie.

Kaum war diese Sache vorbei, kam es zu einem neuen Konflikt, der von den beiden jüngeren Brüdern, Ntema und Mosemme, verursacht wurde. Wenn Sebembele behauptete, der Vater des Kindes Makobi zu sein, dann würden sie, wie sie meinten, erst nach dem Säugling rangieren. Das konnten sie nicht zulassen. Durch den sanften Druck, den seine jüngeren Brüder und die Ratgeber auf Sebembele ausübten, wollten sie ihm zu verstehen geben, daß er nur auf Rankwana und das Kind verzichten müsse, und alles sei in Ordnung. Einem Herrscher würde es an nichts mangeln, und es gäbe genügend Frauen, die als Ehefrauen besser geeignet seien. Sebembele machte daraufhin seinen zweiten großen Fehler. In einer Welt, in der Frauen nicht zählten, sagte er voller Aufrichtigkeit:

»Rankwana und mich verbindet eine große Liebe.«

Diese Rede wurde von den Ratgebern mit kalter Ablehnung aufgenommen.

»Wir an deiner Stelle,« sagten sie, »würden uns anderweitig nach einer Frau umschauen. Ein Herrscher sollte sich nicht von seinen Gefühlen leiten lassen. Diese Sache bewirkt viel böses Blut unter den Leuten.«

Sie bemerkten, daß Sebembele auf diesen Ratschlag hin sehr still wurde und überließen ihn seinen Gedanken, überzeugt davon, er würde sich früher oder später in ihrem Sinne entscheiden.

In der Zwischenzeit spalteten sich die Leute ohne großes Aufheben in zwei Lager auf. Die einen sagten:

»Soll er sie doch behalten, wenn er sie so liebt. Wir kennen doch alle Rankwana. Sie ist eine wunderbare Frau und eines Fürsten durchaus würdig.«

Die anderen sagten:

»Er muß verrückt sein. Ein Mann, der sich von einer Frau beeinflussen läßt, ist kein Herrscher. Er gleicht einem Mann, der auf den Rat eines Kindes hört. Diese Sache ist wirklich fatal.«

Anfangs wurde Sebembeles Würde nicht angetastet. Aber das, was diese ungewöhnliche Debatte in Gang gebracht hatte – diese Liebe, die er für eine Frau und ein Kind empfand – bewirkte, daß sie sich unverhältnismäßig in die Länge zog. Das Böse erhob sich wie eine ungeduldig zischende Hydra mit vielen Köpfen, während Sebembele mit seinem Herzen Zwiesprache hielt oder mit Rankwana, seiner großen Liebe, zärtliche Worte wechselte.

»Ich weiß nicht, was ich tun soll«, sagte Sebembele, hin- und hergerissen zwischen seinen Pflichten als Herrscher und dem Druck dieser Liebe, die viele, viele Monate lang ein streng gehütetes Geheimnis gewesen war. Aber gerade diese Geheimhaltung ließ die öffentliche Anerkennung umso dringlicher erscheinen. Es gab Augenblicke, in denen ihm sein Herz riet, er solle auf die Frau und das Kind verzichten; wenn er aber Rankwana vor sich sah, sagte es genau das Gegenteil. Er konnte sich zu keinem Entschluß durchringen.

Seine Forderung schien bescheiden genug – eine schöne Frau als Lebensgefährtin, die von der Natur mit vielen Gaben bedacht worden war: Sie war sanft, verständnisvoll und zärtlich. Als Sebembele ihr erzählte, was die Ratgeber ihm nahegelegt hatten, senkte sie den Kopf und weinte leise.

»Wenn sie das gesagt haben, Liebster«, sagte sie voller Verzweiflung, »gibt es für mich und das Kind keine Hoffnung mehr. Ich wünschte, wir wären beide tot.«

»Wir könnten einen anderen Mann für dich finden«, schlug er vor.

»Du weißt nicht, wie sehr ich dich liebe, Sebembele«, sagte sie. »Ich bringe mich um, wenn ich dich verliere. Ich bringe mich um, wenn du mich verläßt.«

Für ihn waren das keine leeren Worte, denn dieselbe Furcht umklammerte auch ihn. Ein schrecklicher Schmerz schien seine Bewegungen und Gedanken zu lähmen. Er ergriff so vollständig von ihm Besitz, daß er an nichts anderes mehr denken konnte. Tag und Nacht. Sie war wie eine Krankheit, diese Lähmung, und wie jede andere Krankheit ließ sie sich auf die Dauer nicht verheimlichen; Sebembele schleppte sie überall mit sich herum.

»Unsere Herzen sagen uns viele Dinge über diesen Mann«, sprachen die Ratgeber unter sich. Sie meinten, er sei unmännlich und ungeeignet als Herrscher; die Dinge würde ihm entgleiten. Diejenigen unter ihnen, die ihm noch wohlgesonnen waren, gingen zu ihm und sagten:

»Warum machst du dir wegen dieser einen Frau so viele Gedanken, Sebembele? Ein Chief kann so viele Frauen haben, wie er will. Du kannst nur *diese* Frau und *dieses* Kind nicht haben.«

Und er antwortete abwesend: »Ich weiß nicht, was ich tun soll.«

Aber die Sache war ins Rollen gekommen. Die Ereignisse ließen niemanden unberührt; wenn ein Mann keine Entscheidung treffen konnte, dann würden das andere für ihn tun.

Es wurde in aller Heimlichkeit vorbereitet, und an dem vereinbarten Tag wurden dann Rankwana und das Kind mit Gewalt zu ihrem Vater zurückgebracht. Seit dem Ausbruch des Konflikts war ihr Vater Tag und Nacht von den Ratgebern bestürmt worden, er solle doch seinen Einfluß geltend machen und die Situation beenden helfen. Als sie zu ihm gebracht wurde, war er soweit, daß er nur noch aufgeregt vor sich hin murmelte. Geplant war, ihr sofort einen neuen Ehemann zu besorgen und so das Problem aus der Welt zu schaffen. Denn offiziell war sie noch nicht mit Sebembele verheiratet.

»Du hast mich in eine verdammt schwierige Lage gebracht, mein Kind«, sagte ihr Vater, den Blick von ihrem flehenden

Gesicht abwendend. »Frauen wissen nie, was sie wollen, und wenn das alles mal vergessen ist und du viele Söhne und Töchter geboren hast, wirst du dich fragen, warum das ganze Theater.«

»Vielleicht wissen andere Frauen nicht, was sie wollen...«, begann sie, aber er unterbrach sie mit erhobener Hand und wies auf den Mann, der für sie ausgewählt worden war. In den Gesichtern um sie herum war keinerlei Mitgefühl oder Hilfsbereitschaft, und sie ließ sich ruhig und gefaßt in ihr neues Heim führen.

Als Sebembele bei sich zu Hause eintraf, nachdem er sich den ganzen Morgen über um irgendwelche Regierungsangelegenheiten gekümmert hatte, fand er seine beiden Brüder, Ntema und Mosemme, vor.

»Warum kommt ihr mich besuchen?« fragte er, nichts Gutes ahnend. »Ihr besucht mich doch sonst nie. Wir scheinen eher Feinde als Brüder zu sein.«

»Du hast die ganze Stadt in Aufruhr versetzt, nur weil du nach einer Frau verrückt bist«, erwiderten sie spöttisch. »Sie ist nicht mehr da, und du kannst mit deinem ›Ich weiß nicht, was ich tun soll‹ aufhören. Du mußt aber vor allen erklären, daß du auf das Kind Makobi verzichtest, damit ganz klar ist, welche Position wir innehaben. Du mußt sagen: ›Das Kind Makobi ist der jüngere Bruder meiner beiden Brüder Ntema und Mosemme, nicht der Sohn Sebembeles, des Häuptlings‹.«

Sebembele warf ihnen einen langen Blick zu. Er fühlte keinen Haß, sondern Frieden, endlich Frieden. Seine Brüder zwangen ihn, sein Volk zu verlassen.

»Ich werde den Leuten sagen, daß sie sich versammeln sollen«, sprach er, »was ich ihnen sage, ist meine Sache.«

Am nächsten Morgen wurde die Stadt Zeuge eines erstaunlichen Vorfalls, der allen sehr nahe ging. Sie sahen ihren Herrscher langsam und ohne Begleitung durch die Stadt gehen. Sie sahen, wie er im Hof von Rankwanas Vater stehenblieb. Sie sahen Sebembele und Rankwanas Vater zu dem Haus ihres neuen Mannes gehen, wo sie versteckt gehalten wurde. Sie sahen Rankwana und Sebembele zusammen durch die Stadt gehen. Sebembele trug das Kind Makobi auf dem Arm. Sie sahen, daß sie einen Herrscher hatten, der Taten und nicht

Worte sprechen ließ. Sie sahen, daß es an der Zeit war, ihre eigenen Gesichter dem Gesicht dieses Herrschers zu zeigen. Aber es gab immer noch zwei Lager. Und es gab eine Menge Leute, die dieses Gesicht nicht mochten; es war zu fremd, zu schockierend, und sie fühlten sich einfach unwohl. Ihre Welt war keine weiche, mitfühlende, romantische Welt. Aber auf der anderen Seite war sie es doch. Im anderen Lager, dem der Anhänger Sebembeles, riß der Fluß der Argumente nicht ab; sie sagten:

»Ntema und Mosemme sind an allem schuld. Was haben sie vor, wieso stellten sie uns vor dieses schwierige Problem? Wir trauen ihnen nicht. Und warum nicht? Sie haben nur noch keine Gelegenheit gehabt, uns zu schröpfen. Vielleicht sollten wir warten, bis sie wirklich etwas getan haben; im Augenblick zeigen sie sich nur über das Verhalten Sebembeles empört. Aber nein, wir trauen ihnen nicht. Wir mögen sie nicht. Sebembele ist unser Mann, ihn lieben wir, trotz seiner Schwächen...«

An jenem Morgen gewann Sebembele mit seiner extravaganten, romantischen Geste zwar die Herzen derer, die für ihn waren, aber alles übrige verlor er, auch die Herrschaft über das Königreich von Monemapee.

Als die Leute sich auf dem Versammlungsplatz der Stadt eingefunden hatten, gab es kaum noch Argumente. Die Ratgeber standen einer nach dem anderen auf und verurteilten das Verhalten Sebembeles. Die beiden Brüder, Ntema und Mosemme, waren eindeutig die Sieger. Sie standen auf und fragten – immer noch einstimmig –, ob ihr älterer Bruder noch etwas sagen wolle, bevor er mit seinen Leuten wegginge.

»Makobi ist mein Kind«, sagte er.

»Talaote«, erwiderten sie, was in der Sprache, die das Volk damals sprach, »Gut, du kannst gehen« bedeutete.

Und der Name Talaote war alles, was sie von ihrer Identität als Angehörige des Königreiches von Monemapee bewahren würden. An jenem Tag packten Sebembele und seine Leute alles, was sie besaßen, auf die Rücken ihrer Lasttiere und begannen langsam ihre Wanderung gen Süden. Sie hinterließen viele Ruinen, und es wird erzählt, daß sie auf dem Weg nach Süden mit vielen anderen Völkern zusammengelebt hätten –

mit den Baphaleng, den Bakaa und den Batswapong – bis sie sich dann schließlich in dem Gebiet der Bamangwato niederließen. Selbst heute gibt es in dem Hauptort der Bamangwato ein Viertel, das Botalaote heißt, und die Bewohner nennen sich immer noch die »Talaote«. Die alten Männer erzählen alle möglichen widersprüchlichen Geschichten über ihren Ursprung; sie sagen, sie hätten ihre Heimat wegen einer Frau verloren. Sie schütteln die Köpfe und sagen, die Frauen hätten schon immer viel Unheil in der Welt angerichtet. Und sie sagen, daß das Kind ihres Oberhauptes Talaote genannt worden sei, zur Erinnerung an ihre Vertreibung aus dem Königreich von Monemapee.

Anmerkung:
Es handelt sich hier um eine romantisch verklärte, nachgedichtete Version der Geschichte der Botalaote. Einige geschichtliche Hinweise wurden mir von den alten Männern des Volkes gegeben; sie waren jedoch nicht sehr zuverlässig, da die Erinnerung dieser Männer große Lücken aufwies. Ich rekonstruierte die Ereignisse also selbst. Zum Teil habe ich auch auf das Lesebuch der Londoner Missionsgesellschaft, den ›Livingstone Tswana Readers, Padiso III‹, und die darin enthaltenen bildlichen Darstellungen des Erntedankfests zurückgegriffen.

Der Himmel ist nicht verschlossen

Ihr ganzes Leben lang war Galethebege fest davon überzeugt gewesen, mit ganzem Herzen Gott dienen zu müssen, obwohl eine Katastrophe auf die andere folgte, um sie von diesem Weg abzubringen. Erst in den letzten fünf Jahren ihres Lebens, nachdem Ralokae, ihr Mann, gestorben war, konnte sie ihre Mission auf Erden erfüllen. Ihre jahrelang aufgestaute, immer unterdrückte Liebe zu Gott brach nun mit aller Macht hervor, und sie sprach nur noch von *ihm* – Tag und Nacht –, zumindest erzählten das ihre Enkel feierlich und voller Ehrfurcht den Trauergästen. Und alle, die in ihrer Sterbestunde zugegen waren, waren überzeugt, einem Ereignis von ganz besonderer Bedeutung beigewohnt zu haben. Noch Tage danach sprachen sie darüber.

Galethebege war weit über neunzig, als sie starb, hatte aber keinerlei Beschwerden wie die meisten alten Leute. Erst zwei Tage vor ihrem Tod hatte sie bei ihren Enkelkindern über ein plötzliches Fieber und Lähmungserscheinungen in den Beinen geklagt und war daraufhin im Bett geblieben. Sie wurde still und nachdenklich. Am Morgen des zweiten Tages verlangte sie plötzlich, alle Verwandten sollten sich um ihr Bett versammeln.

»Meine Stunde ist gekommen«, sagte sie mit stolzer Würde.

Keiner glaubte ihr so recht, denn den ganzen Morgen über hatte sie kerzengerade im Bett gesessen und zu allen, die sich versammelt hatten, über Gott geredet – diesen Gott, den sie so sehr liebte. Aber punkt zwölf kündigte sie noch einmal an, daß ihre Stunde nun wirklich gekommen sei und streckte sich so friedlich in ihrem Bett aus, als wolle sie nur ein kurzes Nickerchen halten. Ihre letzten Worte waren:

»Ich werde in Frieden ruhen, weil ich an Gott glaube.«

Eine schreckliche Stille erfüllte die Hütte und schien die Trauergäste erstarren zu lassen. Eine Zeitlang rührte sich keiner, alle weinten nur still für sich; noch nie waren sie Zeugen eines so eindrucksvollen Todes geworden. Erst als der alte Mann Modise, der einen ausgesprochenen Sinn fürs Praktische besaß, plötzlich bemerkte, daß Galethebege nicht so lag wie eine Tote liegen müsse, kam etwas Bewegung in die Versammlung. Galethebege lag auf der Seite und hatte den rechten Arm nach hinten über den Kopf geworfen. Man müsse sie auf den Rücken drehen und die Hände auf der Brust falten, meinte der alte Mann und lächelte dabei, als ob es typisch für Galethebege wäre, in letzter Minute noch einen Fehler zu machen. Sie hätte ganz genau gewußt, wann sie sterben würde und zu guter Letzt dann doch vergessen, die richtige Haltung für den Sarg einzunehmen. Später am Abend, als er mit seinen Kindern am Feuer vor seiner Hütte saß und aß, huschte wieder ein Lächeln über sein Gesicht.

»Meiner Meinung nach hat Galethebege heute morgen um Vergebung ihrer Sünden gebetet«, sagte er langsam. »Einen Mann wie Ralokae zu heiraten, muß für sie eine Sünde gewesen sein. Er war bis zu seinem Tod ein Ungläubiger...«

Ein überraschtes Gelächter riß seine Familie aus ihrer feierlichen Trauerstimmung, und sie wandten sich erwartungsvoll dem Großvater zu, denn sie spürten, daß er eine Geschichte zu erzählen hatte.

»Wie ihr wißt«, begann der alte Mann weise und bedächtig, »war Ralokae mein Bruder. Aber keiner von den Anwesenden kennt Galethebeges Lebensgeschichte, nur ich...«

Und während der flackernde Schein des Feuers ihre Gesichter erhellte, erzählte er folgende Geschichte: »Ich war nie ein Ungläubiger wie Ralokae. Aber ein Mann wie mein Bruder besitzt meine ganze Sympathie. Immer wieder warnte er, daß unser Volk in große Schwierigkeiten geraten würde, wenn wir unsere Sitten und Gesetze vergäßen. Seine Worte scheinen sich bewahrheitet zu haben. Diebstahl und Ehebruch waren nach Setswana-Sitten in diesem Ausmaß gar nicht möglich.«

In ihrer Jugend, sagte der alte Mann Modise, sei es unter den Schwarzen plötzlich zur Mode geworden, sich zum Christentum zu bekehren. Für manche war es eine Frage von »zivilisiert« oder nicht. Für andere, wie Galethebege, war es das ganze Leben. Jeder, der Augen im Kopf hatte, konnte sehen, daß Galethebege einfach als guter Mensch geboren worden war, und sie wäre immer ein guter Mensch gewesen, ganz gleich, ob sie nun unter den Setswana-Gesetzen oder den christlichen Gesetzen aufgewachsen wäre. Es war diese angeborene Güte, die sie dem Wort des Evangeliums nachstreben ließ. Ihr Gesicht wies einen abwesenden, vergeistigten Ausdruck auf, als ob sie mit Gott, der alles verstand, die letzten Geheimnisse des Lebens teilen müsse. Sie ging so oft wie möglich zur Kirche, und selbst in ihrer freien Zeit konnte man sie, den Kopf in der Bibel vergraben, in ihrem Haus antreffen. Und an ihrem stillen, gottesfürchtigen Leben hätte sich auch nichts geändert, wenn bei Ralokae nicht diese Katastrophe eingetreten wäre.

Ralokae war gerade ein Jahr verheiratet, als seine junge Frau bei der Entbindung ihres ersten Kindes starb. Sie starb zur Zeit der Ernte, und Ralokae hielt sich an die traditionellen Gebote und Vorschriften, denen sich die Hinterbliebenen während der Trauerzeit beugen müssen. Ein Jahr später, wieder zur Erntezeit, unterzog er sich der Reinigungszeremonie, wie es der Brauch verlangte, um danach wieder ein normales Leben zu führen. Das Unerwartete des tragischen Ereignisses und die Reglementierung seines Lebens machten Ralokae auf Galethebege aufmerksam. Obwohl sie gerade drei Hütten weiter wohnte, hatte er sie kaum je wahrgenommen; irgendwie verlief ihr Leben zu ruhig und geordnet. Aber während des Trauerjahres hörte er nichts lieber als die sanfte, ernste Stimme, die ihm versicherte, daß solche Tragödien »der Wille Gottes« seien. Sobald es ihm erlaubt war, machte er ihr den Hof. Er war jung und wollte wieder eine Frau haben, und niemand konnte die Toten zurückbringen. Ein paar Tage nach der Reinigungszeremonie erklärte er ihr seine Absichten.

»Tun wir uns zusammen«, sagte er. »Mir gefällt einfach alles an dir.«

Galethebege war überrascht, geschmeichelt und unschlüssig, alles auf einmal. Sie zögerte, weil sie wußte, daß Ralokae keinen Glauben hatte; er hatte noch nie die Kirche betreten. Sie blickte ihn also an, bat um Entschuldigung und äußerte ihre Bedenken.

»Ralokae«, sagte sie unsicher, »in allem, was ich tue, habe ich Gott vor Augen.« Mit dieser Bemerkung wollte sie andeuten, daß ihm vielleicht auch daran lag, wie sie ein christliches

Leben zu führen. Er warf ihr aber nur einen rätselhaften Blick zu und sagte nichts. Diese Sache würde wie ein Schwert zwischen ihnen stehen, doch er war fest entschlossen, Galethebege zu seiner Frau zu machen. Das war etwas, woran er nie zweifelte. Tag für Tag tauchte er in ihrer Hütte auf.

»Hallo, girlfriend«, sagte er mit unwiderstehlichem Charme.

Er trug immer ein schwarzes Barett, das keck über einem Ohr saß. Auch sein Gang und seine Art waren keck und munter. Ihr ganzes Leben geriet durcheinander, so aufregend war dieser Mann. Zum erstenmal war ihr die Liebe begegnet, ein Gefühl, das ihr Blut so sehr in Wallung brachte, daß sie selbst in den Fingerspitzen das Pochen verspürte. Ihre Gedanken wurden ein wenig von Gott abgelenkt, da das Leben sie in seinen Bann gezogen hatte. An dem Tag, an dem sie einwilligte, seine Frau zu werden, schien das Schwert sehr bedrohlich zwischen ihnen zu schwingen. Ralokae sagte jedoch ruhig und entschieden: »Ich habe meine erste Frau nach dem alten Brauch geheiratet, und ich werde auch meine zweite Frau nach dem alten Brauch heiraten.«

Ihr Gesicht ließ erkennen, daß sie nicht einverstanden war. Sie wollte sich offensichtlich in der Kirche trauen lassen. Er hatte jedoch auch seine Gründe. Der christliche Gott sei ja ganz in Ordnung, erklärte er, aber die Leute, die ihnen das Wort Gottes gebracht hätten, seien nicht in Ordnung. Ihr Glaube würde die Schwarzen versklaven, und dagegen würde er sich wehren. Deswegen hätte er auch nie ihren Glauben angenommen. Solchen Leuten könne er nicht trauen. Sie seien mit allen Wassern gewaschen. Bei dem Anblick eines Schwarzen würden sie mit dem Finger in die Luft deuten, irgendwo in die Ferne starren und dann ungeduldig befehlen: »Boy! Trägst du dies? Boy! Bringst du das?« Sie hätten dem Land eine neue Ordnung aufgezwungen, und die Liebe sei aus dem Leben der Leute verschwunden. Das sei unter der alten Ordnung ganz anders gewesen. Die Menschen hätten Achtung voreinander gehabt, immer. Aus diesem Grund würde er auch alles Fremde ablehnen.

Wie sollte sich eine Frau einem Mann gegenüber verhalten, der so feste Überzeugungen hatte? Entweder sie liebte ihn, oder sie war einfach nur verrückt.

Von jenem Tag an wußte Galethebege, was sie tun würde: Sie würde alles tun, was Ralokae verlangte, wie sich das für eine gute Frau gehört. Aber ihr früheres Leben war wie eine Sucht. Ihre Füße waren so daran gewohnt, den Pfad zur Kirche zu nehmen, daß sie sie zu dem Haus des Missionars trugen, das im Schatten der Kirche stand.

Der Missionar war ein kleiner, unauffällig aussehender Mann, der eine Brille trug. Er lebte schon seit einiger Zeit hier, und wie alle seine Kollegen mochte er die Leute hier nicht besonders. Er beklagte sich bei seinen Landsleuten darüber, daß die Schwarzen immer nur betteln würden und schrecklich dumm seien. Als er die Tür öffnete und Galethebege sah, besagten seine hochgezogenen Augenbrauen ganz eindeutig: »Und was willst du schon wieder?«

»Ich möchte heiraten, Sir«, sagte Galethebege sehr höflich, nachdem sie sich begrüßt hatten.

Der Missionar lächelte. »Schön, komm herein, dann werden wir uns über alles weitere unterhalten.«

Er blickte sie mit einem höflichen, berufsmäßigen Interesse an. Sie existierte gar nicht als Person, sondern war nichts weiter als ein Teil dieser verschwommenen, schwarzen Masse, aus der seine Gemeinde bestand. – Oh, die Häuptlinge und Honoratioren nahmen sie durchaus wahr, aber nicht die schweigende Masse der Demütigen und Armen, deren Fähigkeit, sich unbemerkt durchs Leben zu stehlen, schon beinahe unheimlich war. Die Worte, die sie als nächstes äußerte, ließen sie jedoch klar und deutlich hervortreten.

»Der Mann, den ich heiraten möchte, will sich aber nicht christlich trauen lassen. Er will nach den alten Setswana-Bräuchen heiraten,« sagte sie leise.

Sie hatten alle schon von den »heidnischen Bräuchen« gehört, und ein Ausdruck des Abscheus kroch in sein Gesicht – mit der traditionellen Hochzeitszeremonie verbanden sie sexuelle Perversionen. War es nicht Brauch (eine schauderhafte Sache!), sich die stinkenden Eingeweide eines Ochsen um den Hals zu hängen!

»Das geht auf keinen Fall«, sagte er scharf. »Sag ihm, er soll herkommen und sich nach christlichem Brauch trauen lassen.«

Galethebege fing am ganzen Leib zu zittern an. Entsetzt blickte sie den Missionar an. Ralokae würde sich niemals einverstanden erklären. Sie war gekommen, um sich seinen Segen zu holen, als ob mit etwas gutem Willen zwei sich widersprechende Traditionen unter einen Hut gebracht werden könnten. Sie zitterte, weil es für sie völlig unmöglich war, sich auf Kontroversen und Protest einzulassen. Der Missionar bemerkte ihr Zittern und den Zwiespalt, in dem sie sich befand, und seine Stimme klang weniger schroff, aber das, was er sagte, nahm ihr jede Hoffnung.

»Meine Liebe«, sagte er eindringlich, »den Ungläubigen bleibt der Himmel verschlossen...«

Mit zitternden Knien stolperte Galethebege nach Hause. Sie kam gar nicht auf den Gedanken, eine Religion in Frage zu stellen, die so erbärmlich war, daß sie den Menschen, die »Heiden« oder »Sünder« waren, mit ewiger Verdammnis im Höllenfeuer drohte. Doch Ralokae schien dieses Schicksal, das ihn erwartete, nicht weiter zu beunruhigen. Er lächelte, als Galethebege ihm erzählte, was der Missionar gesagt hatte.

»Mädchen«, sagte er gelassen, »du kannst es dir aussuchen – Christentum oder Setswana-Brauch. Ich ziehe es vor, auf die alte Art zu leben.« Noch nie in ihrem Leben hatte jemand Galethebeges Integrität angezweifelt. Sie wollte das sofort klarstellen.

»Du meinst also, Ralokae«, sagte sie mit fester Stimme, »daß ich dich der Kirche vorzuziehen habe. Ich wähle dich, weil mir mein Herz das befiehlt. Ich werde dem Priester Bescheid sagen, denn er besteht darauf, daß ich in der Kirche heirate.«

Die Härte des Priesters erstaunte sogar Galethebege. Daß ihr Entschluß so katastrophale Folgen haben sollte, damit hatte sie nicht gerechnet: Er schloß sie kurzerhand aus der Kirche aus. Wenn sie nach Setswana-Brauch heiratete, durfte sie nie wieder die Kirche betreten. Sie konnte einfach nicht begreifen, daß der Missionar ein Stellvertreter Gottes und gleichzeitig die Verkörperung von etwas »Schlechtem«, einer verdorbenen Zivilisation sein konnte. Und der Missionar konnte nicht begreifen, wie ein unwissender, ungebildeter Mann seiner Zivilisation gegenüber eine solche Verachtung an den Tag legen konnte. Sein ganzer Zorn und Haß richteten sich gegen Ralokae, aber er konnte ihn nur bestrafen, indem er Galethebege aus der Kirche ausschloß. Wenn jemand darunter litt, dann Galethebege. Die strengen Rituale der Kirche, die Messe, die Predigten, die innige Verbindung, die das Gebet mit Gott herstellte, all das hatte sie tief beeindruckt. Aber auch Ralokae verkörperte eine uralte heilige Strömung, die das Leben der Leute bestimmt hatte, bevor ein Weißer das Land betrat, und ein kleiner Konflikt genügte, um die Liebe zu den alten Bräuchen wieder zu erwecken.

An diesem Punkt legte der alte Mann eine kleine Pause ein, aber seine jungen Zuhörer warteten gebannt auf den Schluß der Geschichte.

»Heutzutage«, fuhr er fort, »ist das alles kein Problem mehr, weil die jungen Leute sich für keine Religion mehr interessieren, weder für die neue, noch für die alte. Damals war das jedoch anders; die Tatsache, daß Galethebege aus der Kirche ausgeschlossen worden war, hatte eine heftige Diskussion in Gang gebracht. Die Leute in unserem Viertel fingen an nachzudenken. Sie waren richtig empört, weil sowohl Galethebege als auch Ralokae sehr angesehene Mitglieder der Gemeinde waren. Sie wollten wissen, wieso für Ralokae, der ein Ungläubiger war, der Himmel verschlossen bleiben konnte. Eine Reihe von ihnen, alles Verwandte, die bei der Hochzeitszeremonie mirgewirkt hatten, entschieden, daß der Himmel genausogut auch ihnen verschlossen bleiben könne und gingen nicht mehr in die Kirche. Am Tag der Hochzeit brachten wir, was wir besaßen. Jeder von uns weiß, welche Rolle die Kuh in dem Leben und Brauchtum der Menschen spielte.

Die Kuh lieferte Kleidung und Nahrung, und sie war das Symbol unseres Reichtums. Sie war also etwas Heiliges. Die Ältesten halbierten deshalb den Sack mit den Eingeweiden und legten die eine Hälfte Galethebege, die andere Ralokae um den Hals, um damit den Reichtum und das Glück anzudeuten, die sie in der Ehe finden würden. Danach wurde der Brei und das Fleisch in den Mogopo-Schalen serviert, die wir schon seit eh und je benutzten. Die Leute hörten nicht mehr auf zu singen und zu tanzen, denn Ralokae hatte den alten Bräuchen wieder zu Ehren verholfen...« Über das Gesicht des alten Mannes huschte wieder ein gerührtes Lächeln.

»Galethebege konnte nie vergessen, wie sie aufgezogen worden war. Während ihrer ganzen Ehe fand sie immer eine Ecke, in der sie beten konnte. Manchmal überraschte sie Ralokae dabei und fragte: ›Was machst du, Mutter?‹ Und sie antwortete: ›Ich bete zu Gott.‹ Ralokae lächelte nur; er wußte nicht einmal, wie man zu dem christlichen Gott betete.« Der alte Mann beugte sich nach vorne und stocherte mit einem halbverkohlten Holzscheit in dem verglühenden Feuer herum. Seine Zuhörer seufzten wie Leute, die eine besonders gute Geschichte gehört haben. Während sie in das Feuer starrten, beschäftigten sie sich mit dem Fall wie damals vor vierzig oder fünfzig Jahren ihre Vorfahren. War dem ungläubigen Ralokae der Himmel wirklich verschlossen? Oder war das Christentum den Setswana-Bräuchen gegenüber so intolerant, daß es ihre tiefe Religiosität einfach ignorierte? Gab es für das Setswana-Brauchtum nicht auch einen Platz im Himmel? Wieder wurden sie von diesem Gelächter geschüttelt. Galethebege hatte in den letzten fünf Jahren als Autorität in Glaubenssachen gegolten. Vielleicht hatte ihr gutes, einfältiges Herz befürchtet, daß die Tore des Himmels tatsächlich für Ralokae verschlossen seien und hatte insgeheim versucht, sie für ihn zu öffnen.

Die Dorfheilige

Die Leute ließen sich durch Fassaden nicht täuschen. Gelassen und humorvoll blickten sie dahinter auf den eigentlichen Menschen – auf den Schwindler, den Lügner, den aufgeblasenen, hochnäsigen Heuchler und so weiter – und nickten mit den Köpfen, bis den Unglückseligen sein Schicksal ereilte. Es kam vor, daß das Dorf von einem Skandal nach dem anderen erschüttert wurde; die Gemeinschaft selbst schien die schlimmsten öffentlichen Demütigungen auf die Häupter einiger ihrer vom Pech verfolgten Bürger herabzubeschwören, und wenn das geschah, wurden die ketzerischen, abstrusen oder korrupten Seiten der einzelnen gründlich durchleuchtet. Trotz dieser tiefen Kenntnis der menschlichen Natur waren die Dorfbewohner völlig fassungslos, als sie eines Tages ihre Schutzheilige, Mma-Mompati, verloren. Die hatte sechsundzwanzig Jahre ihre Stellung gehalten, und ihre Fassade war die einer absolut integeren Person.

Ja, es war eine lange Geschichte. Sie war so lang, so schlicht und so heilig, daß sie in die Steine und die Erde des Dorfes eingegraben schien. Und der Habitus einer Heiligen war für sie schon so sehr zur Gewohnheit geworden, daß sie selbst an dem Tag, an dem dieses Götzenbild in tausend Stücke zersprang, ein paar Bruchstücke rettete und sich immer noch an der Spitze eines Leichenzugs oder am Bett eines Kranken sehen ließ.

Mma-Mompati und ihr Mann, Rra-Mompati, gehörten zu den Honoratioren des Dorfes. Als sie heirateten, hatte Rra-Mompati einen wichtigen Posten in der Verwaltung. Er war so wichtig, daß er in einem großen, weißgetünchten Haus im Kolonialstil mit vielen großen Räumen lebte. Eine breite, mit Fliegendraht umgebene Veranda ging um das ganze Haus. In diesem Haus pflegten sich die Dorfältesten zu versammeln, um über irgendwelche Geheimnisse zu sprechen. Und in diesem Haus gab auch Mma-Mompati ihr Debüt als die Grande Dame des Dorfes.

In diese Verhältnisse wurde nach einem Jahr Ehe ihr einziger

Sohn Mompati hineingeboren, als Angehöriger des Bamangwato-Volkes, das – wie die meisten Leute wissen – berühmt und berüchtigt war für eine lange Geschichte explosiver Skandale und Intrigen. Das Kind wurde von seinem Vater freudig willkommen geheißen und Mompati – mein kleiner Reisegefährte – genannt. Obwohl alle drei Familienmitglieder ziemlich auffällig waren, jedes auf seine Art, vergaßen die Leute doch sehr rasch die früheren Namen der Eltern; sie hießen einfach nur noch der Vater von Mompati oder die Mutter von Mompati. Das Kind Mompati erfüllte jedoch keineswegs die Voraussage seines Namens. Zwar verbrachte er sechzehn Jahre seines Lebens an der Seite seines Vaters und zehn weitere an der Seite seiner Mutter, als er aber schließlich als selbständige Person in Erscheinung trat, war er eher der warmherzige, lautstarke, unerschrockene Kämpfer für alle möglichen Belange wie Ehe, Anstand und Moral, Kindererziehung, Religion und die Rechte der Armen.

Mompati begann seine Laufbahn schon sehr früh in jenem großen weißgetünchten Haus im Kolonialstil. Die Dorfältesten wollten nicht, daß ihre geheimen Beratungen bekannt wurden, wenn es einen Skandal gegeben hatte – es gab ziemlich viele während einer bestimmten Phase –, und die Leute waren deshalb äußerst gespannt. Manche versuchten, sich im Schutz der Dunkelheit durch das Tor des Hauses zu schleichen, um wenigstens *ein* Wort von dem Gemurmel aufzuschnappen. Es dauerte aber nicht lange, bis ein kleiner Wachmann mit kurzen, stämmigen Beinen und einer ernsten, würdevollen Miene vor ihnen auftauchte, der eine Runde nach der anderen auf der Veranda drehte, um die Lauscher zu vertreiben. Wenn Mompati erschien, verzogen sie sich gewöhnlich lachend und mit enttäuschtem Kopfschütteln.

»Hat nicht geklappt«, würden sie später erzählen, »der kleine Wachtmeister war wieder unterwegs.«

Und so verging die Zeit in dem großen weißen Haus. Dorfintrigen und -skandale kamen auf, und dieselben Intrigen und Skandale wurden bald darauf wieder vergessen. Die Grande Dame des Ortes, Mma-Mompati, schwirrte überall herum. Sie hatte diesen vorsichtig-zurückhaltenden Blick von jemandem, der zu viel weiß, aber nichts sagt. Sie spielte die Gastgeberin bei Teegesellschaften und großen Essen, ganz wie eine englische Dame mit den geschliffenen Manieren und dem professionellen Lächeln hochgeborener Herrschaften, denen das gemeine Volk und alles übrige gestohlen bleiben kann. Um sich von den Intrigen und geheimen Machenschaften, die sich hinter den geschlossenen Türen ihres Hauses abspielten, abzusetzen, pflegte Mma-Mompati mit großer Hingabe ihr »anderes Image«, das der Heiligen. Keiner im Dorf konnte sterben, ohne von Mma-Mompati begraben zu werden: Sie erschien auf den Beerdigungen der Reichen wie der Armen. Und keiner konnte krank werden, ohne in die Gebete von Mma-Mompati eingeschlossen zu werden. Zwei Tage in der Woche reservierte sie für Krankenbesuche, und nachmittags, während der Besuchszeit, ging sie dann mit der Bibel in der Hand durch die Säle des Krankenhauses. Sie blieb an jedem Bett stehen und fragte besorgt:

»Wo tut's denn weh, meine Tochter? Und wo tut's dir weh, mein Sohn?« Daraufhin fing der dankbare Kranke natürlich an, all seine Leiden aufzuzählen. Sie hatte dieses professionelle Lächeln und diese professionelle Anteilnahme der Priester. Am eindrucksvollsten war jedoch die Mühelosigkeit und die Selbstverständlichkeit, mit der sie ihre Gebete aufsagte.

»Oh«, sagte sie dann mit kummererstickter Stimme, »ich werde für dich beten«, und mit gesenktem Kopf und großer Hingabe betete sie für alle Leidtragenden dieser Welt. Daß solche Gesten mit großer Dankbarkeit aufgenommen wurden, ist nicht weiter verwunderlich.

Dann, eines schönen Tages, ließ Rra-Mompati ohne jede Vorwarnung seine heile Welt auffliegen. Er verliebte sich einfach in eine andere Frau und zog mit ihr zusammen. Das war einer von den Skandalen, die das Dorf in seinen Grundfesten erschütterten, und eine Zeitlang schlich Rra-Mompati voller Scham über diese Ungeheuerlichkeit, die er begangen hatte, im Dorf herum. Er wandte den Kopf ab, um den zornigen Blicken der Dorfbewohner auszuweichen, die besagten: »Wie konntest du nur so etwas tun, Rra-Mompati, wie konntest du nur eine Frau wie Mma-Mompati verlassen? Sie ist einfach unschlagbar, keine kann ihr das Wasser reichen.«

Von dieser Welle der Empörung ließ Mma-Mompati sich vor

den Scheidungsrichter tragen. Das ganze Dorf kannte ihre große Rede vor Gericht auswendig, so häufig hatte sie sie danach wiederholt. Sie berief sich auf die Kirche, die Bibel, die Kranken, die Armen, die Leidtragenden, die Ehre einer tugendhaften Frau, die Segnungen der heiligen Institution der Ehe und so weiter. Das Gericht war zutiefst beeindruckt von dieser edlen, so schändlich behandelten Frau. Es beschloß, daß Rra-Mompati, der ein reicher Mann war, ihr ein gutes Auskommen sichern und entsprechend viel Vieh überlassen müsse. Für Rra-Mompati wurde das Leben im Dorf immer unerträglicher. Die Leute verwünschten ihn, wenn sie ihn sahen, und was die Dame seines Herzens betraf, so wagte sie es nicht einmal, sich in der Öffentlichkeit zu zeigen. Der Ältestenrat ließ ihn außerdem wissen, daß ein verkommener Mann wie er keinen so verantwortungsvollen Posten innehaben könne; sie rieten ihm deshalb, sich nach einem neuen Job umzuschauen. Rra-Mompati konnte sich nur auf sehr merkwürdige Art und Weise veteidigen. Nach langem Stillschweigen sagte er zu einem verständnisvollen Freund, daß er die Nase voll hätte von dem Gerede und sich auf seine Farm zurückziehen wolle, um das Leben eines Rinderzüchters zu führen. Er war unsinnigerweise höchst empört über die Leute, weil sie sich gegen ihn gewandt hatten.

Auch über seinen Sohn Mompati war Rra-Mompati empört, da dieser sich mit seiner Mutter gegen ihn verbündet hatte, und daran hielt er mit einer seltsamen Hartnäckigkeit fest. Kurz nachdem sein Vater aus dem Dorf verschwunden war, hatte Mompati den wahrhaft erschütternden Versuch unternommen, sich mit ihm zu versöhnen. Er kam mit einer haarsträubenden Geschichte ins Dorf zurück. Sein Vater, erzählte er, sei aus seiner Hütte getreten, als er ihn kommen sah, und habe sein Jagdgewehr auf ihn gerichtet. Dann habe er gerufen: »Mach, daß du wegkommst. Du kannst dieses Weibsstück ja unterstützen, wenn du willst.«

Oh, der Teufel hätte sich Rra-Mompatis Seele bemächtigt, sagten die Leute. Er würde bestimmt ewig in der Hölle schmoren. Kurz darauf wurde Mompati schwer krank. Wochenlang mußte er das Bett hüten. Er fühlte sich schrecklich schwach, und sein ganzer Körper schmerzte. Er entwickelte eine krankhafte Angst vor jeder Nässe und jedem Luftzug. Denn das würde sein Ende bedeuten, davon war er überzeugt. Er trug deshalb nur noch warme Kleidung und bedeckte sich mit vielen Decken, um sich am Leben zu erhalten. Kein einziges Mal brachte er seinen Zusammenbruch mit dem, was sein Vater getan hatte, in Verbindung; als er sich wieder etwas besser fühlte, erzählte er ganz ernsthaft, er habe »schlechtes Blut«. Er machte aus seinem Leiden einen chronischen Zustand und schützte sich sommers wie winters gegen die Elemente. Im Sommer herrschte in dem Dorf eine glühende Hitze, eine Hitze wie in der Wüste, und die Temperaturen stiegen bis auf fünfundvierzig Grad. Aber selbst an solchen Tagen trug Mompati zwei Pullover und einen Mantel. Ein schweißgebadeter Dorfbewohner machte einmal eine Bemerkung über die Hitze und warf einen Blick auf Mompatis Pullover und Mantel. Mompati fröstelte und sagte: »Ich muß aufpassen. Es ist mein schlechtes Blut.«

Mma-Mompati zog mit ihrem Sohn in ein hübsches, kleines Häuschen, das rundum eingezäunt war. Und eines Tages war im Hof ein Wasserhahn, und das hübsche, kleine Häuschen war bald von Gemüse- und Blumenbeeten umgeben, um die sich ihre Hausmädchen kümmerten. Mompati fand eine Stelle als Geschäftsführer eines Dorfladens, und gemeinsam knüpften sie die zerrissenen Fäden ihres Lebens wieder zusammen. Mompati war damals siebzehn und wies sowohl im Aussehen wie auch im Auftreten eine erstaunliche Ähnlichkeit mit seiner Mutter auf. Mma-Mompati behielt ihre Kondolenzbesuche, ihre Krankenhaus- und Kirchenbesuche bei, und ihr Sohn errang sich seinen eigenen Platz in der Dorfgemeinschaft. Wie seine Mutter kümmerte er sich um alles und jeden, und dieser Tatsache war es zuzuschreiben, daß er einen der seltsamsten Läden führte. Das Geschäft war immer voller Leute, obwohl manchmal überhaupt keine Ware mehr da war. Über das Stimmengewirr erhob sich hin und wieder der tiefe, dröhnende Baß Mompatis, der entweder in ein herzhaftes Lachen ausbrach oder einem von Seelenqualen oder körperlichen Leiden geplagten Mitmenschen eindringlich Ratschläge erteilte. Er saß in einer Ecke mit Stößen von Rechnungen und Geschäftsbüchern vor sich; er ließ sich aber gerne von seiner Arbeit ablenken. Trat einer seiner Bekannten in den Laden, blickte er freudestrahlend hoch, aber dieses strahlende Lächeln konnte sich im Bruchteil einer Sekunde in ein besorgtes Stirnrunzeln verwandeln. Ein Finger lag auf seinen Rechnungen, und dort blieb er auch liegen, während er eine halbe Stunde damit verbrachte, die Probleme dieses Freundes zu diskutieren. Plötzlich dröhnte dann sein Baß durch den Laden. »Laß dir gesagt sein, mein Freund, Jugend und Zucht bringt im Alter reiche Frucht.«

Die übrigen Kunden erfuhren nie die ganze Geschichte. Es war auch gar nicht wichtig. Wichtig war nur, daß ein menschliches Wesen sich auf so intensive, so inbrünstige, so überwältigende Weise um seinen Nächsten kümmerte. Stille senkte sich über den Laden, während der Baß den Raum erfüllte und die Leute vor sich hin lächelten. Er dröhnte über Gott, der mächtig und allgegenwärtig war, und er dröhnte über die Sitten des Landes, die verfielen, und später, als er geheiratet hatte, dröhnte er über die Vorzüge des Familienlebens. Er ging völlig in den Angelegenheiten der anderen auf; und wenn der Tag um war, nahm er all seine Bücher mit nach Hause und arbeitete bis tief in die Nacht hinein, um die Zeit einzuholen, die er tagsüber verplaudert hatte. Manchmal fragten ihn die Leute augenzwinkernd:

»Mompati, wieso gibt es in diesem Laden kein Mehl und keine Seife? Eine Woche lang hab ich danach Ausschau gehalten und nie Glück gehabt!« Worauf Mompati gewöhnlich antwortete: »Deshalb hab ich ja heute morgen zum Herrn gebetet: ›Allmächtiger‹, sagte ich, ›ich hab schon wieder vergessen, Mehl und Seife zu bestellen; bitte hilf mir, Gott, mein Gedächtnis ist so schwach!‹ Und mein Gebet ist erhört worden, mein Freund. Nächste Woche gibt es wieder Mehl und Seife.«

Und so vergingen die nächsten zehn Jahre. Beide, Mutter und Sohn, hatten ein sehr ausgefülltes Leben, und für die Leute waren sie ein Herz und eine Seele, so sehr ähnelten sich ihre Interessen und ihre Verhaltensweisen. Aber dann verliebte sich Mompati in Mary Pule, ein spilleriges, schwächliches, verträumtes Geschöpf mit einer klagenden, verzagten Stimme – eine Fassade, hinter der sich ein eiserner Wille verbarg. Sie zog alle Register, denn sie war fest entschlossen, Mompati in den Hafen der Ehe zu lotsen. Als er ihr den Hof machte – es ging über Monate –, sagte sie mit einem charmanten Lächeln einmal dies und einmal das: Oh, vielleicht liebte sie ihn. Vielleicht auch nicht. Sie sei sich nicht sicher. Mompati, der sich für alles engagierte, war auch in diesem Fall sehr engagiert. Das Auf und Ab seiner Gefühle teilte er mit seiner Mutter. Das Mädchen wurde zum Tee eingeladen und mit Scherzen und Komplimenten überschüttet, bis sie dann schließlich zu dem von ihr festgesetzten Zeitpunkt seinen Antrag annahm. Weder Mompati noch seine Mutter hatten sie beeinflußt. Sie war ihrem eigenen Plan gefolgt.

Im Hinblick auf Mompatis zukünftiges Eheglück wurde im Hof eine kleine Wohnung angebaut, und eine Zeitlang ging auch alles reibungslos vonstatten – die ersten vier Wochen nach der Heirat zumindest –, dann bröckelte jedoch Mma-Mompatis Fassade ab. In den zehn Jahren des Zusammenlebens mit ihrem Sohn hatte sich ein kleines Spiel zwischen ihnen eingebürgert. Mompati brachte seine Lohntüte immer unangetastet nach Hause, aber sie wollte von ihm irgendein kleines Geschenk – ein Paar Strümpfe, ein Fläschchen Parfüm, ein Taschentuch oder ein neues Kleid. Es wäre wunderbar, sagte sie, ein Beweis, daß ihr Sohn auch an seine Mutter dachte. Sie nahm sich also immer etwas heraus und gab ihm den Rest zurück. Ihrer Schwiegertochter erzählte sie auch gleich von diesem Brauch. Wie alle starken Persönlichkeiten verachtete sie insgeheim den Jammerlappen von Frau, den ihr Sohn geheiratet hatte. Sie mußte die Oberhand haben und sie herumkommandieren können. Aber am Ende des Monats ging sie entschieden zu weit. Sie öffnete wie immer die Lohntüte und benötigte plötzlich unglaublich viele Dinge – ein Paar Schuhe, ein neues Kleid und eine Halskette. Von dem Rest konnten ihr Sohn und seine Frau knapp eine Woche leben. Mma-Mompati konnte zwar nicht in ihr Privatleben eindringen, aber unbewußt hatte sie ihre Vampirzähne gezeigt und den Kampf angesagt. Sie bemerkte, daß ihre Schwiegertochter in den folgenden Tagen einen bedrückten, niedergeschlagenen Eindruck machte; ihr Sohn war kalt und reserviert. Sie attackierte ihre Schwiegertochter mit einem spröden Lächeln:

»Was ist los mit dir, mein Kind? Kannst du eine alte Frau nicht etwas fröhlicher begrüßen?«

»Es ist nichts, Mutter«, sagte sie mit einem gequälten Lächeln.

Am Ende des nächsten Monats ging Mompati sofort in seine eigene Wohnung, gab die Lohntüte seiner Frau, aß tüchtig zu abend und schlief bald tief und fest, nachdem er sich die Nächte zuvor gequält und den Kopf zermartert hatte. Am nächsten Morgen ging er dann zur Arbeit, ohne auch nur einen Blick auf das Haus seiner Mutter zu werfen. Dann brach der Sturm los. Gott und Jesus wurden glatt vom Tisch gefegt, und der Vampir, der plötzlich in Erscheinung trat, bot einen so fürchterlichen Anblick, daß man nur die Augen abwenden konnte. Wie eine Wahnsinnige machte sie sich über ihre Schwiegertochter her.

»Du bist schuld«, fauchte sie, »du hast meinen Sohn gegen mich aufgehetzt. Er schuldet mir Respekt, und ich lasse nicht zu, daß du ihn mir wegnimmst. Siehst du den Wasserhahn da drüben? In Zukunft wirst du dir in diesem Hof kein Wasser mehr holen! Du kannst ins Dorf gehen und dort Wasser holen.«

Auf diese Weise erfuhr das ganze Dorf von der Geschichte. Die Leute blieben stehen und kniffen erstaunt die Augen zusammen, als sie die frischverheiratete Mary mit einem Wassereimer eine ganze Meile weit zum Dorfbrunnen gehen sahen.

»Mary«, fragten sie neugierig, »warum mußt du denn wie alle anderen hier das Wasser holen, wo doch deine Schwiegermutter Wasser in ihrem Hof hat?«

Mary nahm kein Blatt vor den Mund und erzählte mit weinerlicher Ausführlichkeit ihre lange Leidensgeschichte. Und die Leute sagten: »Ist doch nicht zu fassen, daß eine Frau wie Mma-Mompati sich so ihrem Kind gegenüber verhält«, und sie schüttelten die Köpfe, fassungslos über diesen Blitz aus heiterem Himmel. Das war dann aber auch das Ende von Mma-Mompati. Keiner glaubte ihr mehr, keiner nahm ihr ihren Gott und Jesus Christus ab, obwohl sie immer noch die Toten begrub und für die Kranken betete.

Ihr Sohn Mompati ließ sich am anderen Ende des Dorfes nieder. Er sprach nie über den persönlichen Bruch mit seiner Mutter, die er so abgöttisch geliebt hatte, aber eines Tages dröhnte seine Stimme durch den ganzen Laden, als er auf die Bitte eines Freundes hin sagte:

»Tut mir leid, aber ich treffe nie eine Entscheidung, ohne zuerst meine Frau zu fragen...«

Das ruhige, verschlafene Dorf Makaleng lag ungefähr dreißig Meilen entfernt von einem größeren Ort an der Eisenbahnlinie im Norden Botswanas. Makaleng war so ruhig und verschlafen, weil die Leute dort alle dick und wohlgenährt waren. Neidische Besucher des Dorfes meinten häufig verwundert, daß mit dem Himmel über ihren Köpfen etwas nicht stimmen könne, denn der Rest des Landes würde Jahr für Jahr von großen Dürreperioden heimgesucht, während Makaleng immer seinen jährlichen Niederschlag von 558 mm abbekam. Und immer, wenn die Leute irgendwo zusammenstanden und niedergeschlagen die Köpfe schüttelten, weil sie wieder einen Sommer ohne Regen und ohne Ernten erlebten, sagte garantiert einer:

»Ich komm gerade aus Makaleng. Die Leute essen dort Wassermelonen und Maiskolben. Und von ihren Feldern werden sie tonnenweise Getreide ernten.«

Makaleng war eines jener fernen Weltwunder, das die Leute zwar manchmal besichtigten, ohne je daran zu denken, sich dort niederzulassen. Selbst wenn die Dürre und der Hunger sie in die Knie gezwungen hatten, kamen sie nicht auf den Gedanken, dorthin zu ziehen und seßhaft zu werden, um glücklich und zufrieden ihre Felder zu bestellen und ihr Vieh zu züchten. So wie die Dinge standen, kam in Makaleng einfach alles zusammen. In dem Dorf lebten nicht mehr als fünfhundert Menschen, und ein breiter, sandiger Fluß ging mitten durch das Dorf. Im Sommer führte er schlammige Wassermassen, und im Winter schimmerten kleine Seen wie aus Quecksilber in den Vertiefungen seines sandigen Betts.

Auch das Sommergras von Makaleng war das reinste Wunder. Es schoß über zwei Meter hoch in den Himmel und bildete einen dichten, undurchdringlichen Dschungel, der den kleinen Jungen, die das Vieh hüteten, gewaltige Angst einjagte. Insgeheim machten sie Witze darüber. Sie gingen nie hinein. Sie standen nur frühmorgens an seinem äußeren Rand und trieben das Vieh in das dunkle Dickicht der Halme und Blätter. Wenn der letzte zuckende Schwanz verschwunden war, zogen sie sich soweit wie möglich zurück und schlangen die Arme um ihre mageren Oberkörper, solche Angst hatten sie vor dieser gräßlichen Sache, die den ganzen Sommer über in dem dichten Gras lebte. Ein paar Stunden herrschte tiefe Stille über dem Weideland, bis dann plötzlich die Tiere schrien, als würden sie abgeschlachtet und wie wahnsinnig losrasten, so daß die Vögel mit schrillen Warnrufen aufflatterten und die Hütejungen zusammenzuckten und nach ihren Stöcken griffen. In dem langen Gras brütete eine blutrünstige Vampirfliege, die ihre Mundwerkzeuge in die Haut von Mensch und Tier bohrte, um ihr Blut zu saugen. Die Schmerzen, die ihre Stiche verursachten, waren unerträglich. Aber die Tiere schienen nie hinzuzulernen; sie ließen sich immer wieder auf diese schreckliche Weide zurücktreiben, wenn die Hütejungen die Fliegen auf ihnen totgeschlagen hatten. Und so ging es den ganzen Sommer über. Vielleicht war das Viehhüten deshalb auch ganz schön anstrengend, aber wenn dem so war, dann wußten es nur die kleinen Jungen, die die Tiere auf die Weide trieben, und selbst sie hatten die Vampirfliege wieder vergessen, wenn sie bei Sonnenuntergang das Vieh in die Ställe zurücktrieben. Sie lachten und rissen Witze und zu Hause angekommen, fingen sie an, sich mit ihren Schwestern herumzubalgen.

Man weiß nicht genau, was die Behörden von dem Dorf Makaleng und seinen 558 mm Regen hielten, ob das Gebiet sich für eine intensive landwirtschaftliche Nutzung eignete oder nicht. Jemand hatte irgendetwas über den Boden gemurmelt; er wurde sehr schnell lehmig. Aber die Leute kamen auch nicht nach Makaleng, weil man dort während einer Dürreperiode frischen Mais essen konnte. O nein, Makaleng lebte in den Herzen der Leute, weil es zwei Propheten besaß.

Der eine Prophet, Jacob, lebte an dem Ende des Dorfes, wo die Sonne aufging. Der andere, Lebojang, lebte an dem Ende, wo sie unterging. Der Prophet Jacob war sehr arm und lebte in einer Lehmhütte. Er ging immer nur barfuß. Der Prophet Lebojang war sehr reich. Er lebte in einem großen, herrschaftlichen Haus und fuhr ein großes Auto.

Gewöhnlich ignorierte der Prophet Lebojang das Vorhandensein des Propheten Jacob, abgesehen von dem einen Mal, als der Prophet Jacob nach dem Ableben eines Verwandten sein Haus betreten hatte. Der Prophet Jacob ging nämlich auf alle Beerdigungen, so groß waren seine Anteilnahme und Herzensgüte. Der kalte Empfang, den Lebojang ihm und seinen Begleitern zuteil werden ließ, störte ihn nicht, genausowenig wie die Tatsache, daß er jedesmal übergangen wurde, wenn die Platten mit dem Essen herumgereicht wurden. Lebojang hatte bei Jacobs Ankunft in Makaleng schon sehr viel Schlimmeres versucht. Ein paarmal schlug der Blitz in die Hütte des Propheten Jacob ein, obwohl keine einzige Wolke am Himmel war. Und eine Zeitlang tauchte plötzlich eine riesige, zischende Schlange in seiner Hütte auf, aber weder Blitze, noch Schlangen, noch vergiftete Nahrung oder vergiftetes Wasser konnten dem Propheten Jacob etwas anhaben. Anfangs wollte er vor dem Haß des Propheten Lebojang fliehen, aber eines Nachts, als die Verfolgungen und Angriffe ihren Höhepunkt erreicht hatten, hörte er – wie er zwei guten Freunden erzählte – in der Stille seiner Hütte die Stimme seines Gottes. Sie sagte:

»Habe ich dir nicht immer in der Gegenwart deiner Feinde ein Mahl bereitet? Warum vertraust du mir also nicht, daß ich für dich Sorge trage?«

Das genügte dem Propheten Jacob. Er fürchtete sich nicht mehr davor, in Makaleng zu bleiben. Wer sein Gott war, das wußten selbst diejenigen nicht genau, die den Propheten Jacob liebten. Manchmal sprach er von ihm als Jesus, und manchmal, in den Augenblicken innerer Erleuchtung, schien sein Gott die Tiefe und den Umfang seiner eigenen Erfahrungen und Leiden widerzuspiegeln. Und das wiederum nannte er die Stimme, die an allen Wendepunkten seines Lebens zu ihm sprach und ihn veranlaßte, die seltsamsten und erstaunlichsten Dinge zu tun.

Der Prophet Jacob war einmal genauso reich gewesen wie der Prophet Lebojang. Er hatte in dem dreißig Meilen von Makaleng entfernten Ort mit dem Bahnhof ein Geschäft gehabt. Und er hatte ein Auto, eine hübsche Frau, die hübsche Kleider mochte, und zwei hübsche Töchter gehabt. Um seiner Frau alle Wünsche erfüllen zu können, hatte Jacob einen großen Brauereibetrieb aufgebaut, der enorme Gewinne machte. Nach zwölf Jahren des Wohlstands, in denen Jacob viel getrunken und in Saus und Braus gelebt hatte, wurde er durch einen Schicksalsschlag, der aus dem blauen Himmel zu kommen schien, über Nacht zu einem in Lumpen gekleideten Bettler. Folgendes passierte: Seine Frau hatte plötzlich den Wunsch verspürt, Verwandte zu besuchen, die in einem anderen Teil des Landes lebten. Sie nahm die beiden kleinen Mädchen mit, und Jacob blieb allein zurück. Am Abend ihrer Abreise legte er sich früh schlafen. Gegen Mitternacht hörte er, wie jemand gegen die Tür trat. Jacob sprang aus dem Bett und sah in seinem Schlafzimmer eine ganze Bande Diebe. Ein paar hielten ihn fest, während ihm ein Knebel in den Mund gestopft und die Hände auf dem Rücken festgebunden wurden. Und während er hilflos auf dem Boden lag, trugen die Diebe in aller Ruhe seine gesamten Möbel- und Kleidungsstücke aus dem Haus. Den Laden hatten sie bereits ausgeräumt. Außer den paar hundert Rand auf seinem Bankkonto besaß er nichts mehr. Schluchzend lag er im Dunkeln, und in der Stille der Nacht vernahm er die Stimme seines Gottes.

»Jacob«, sagte sie ruhig, »warum hast du mich vergessen? Ich brachte dieses Unheil über dich, damit du in meine Dienste trittst. Von nun an sollst du nur noch dein täglich Brot haben.«

Obwohl er angestrengt in das Dunkel spähte, um von dem Wesen, das diese Worte äußerte, etwas erkennen zu können, sah er rein gar nichts. Aber die Worte waren wie mit Feuer in sein Gedächtnis eingebrannt. Und er zweifelte nicht einen Augenblick lang daran, daß es die Stimme seines Gottes war. Und das genügte Jacob. Die fassungslosen Nachbarn fanden ihn am nächsten Morgen immer noch geknebelt und gefesselt auf dem Boden seines Schlafzimmers in dem geplünderten Haus hinter dem geplünderten Laden.

»Du mußt sofort die Polizei benachrichtigen«, sagten sie. »Je eher du den Diebstahl meldest, desto größer ist die Chance, daß die Polizei die Diebe schnappt.«

Geistesabwesend starrte Jacob sie an. Seine Gedanken kreisten nicht mehr um Geschäfte. Außerdem – wie hätte er ihnen erklären sollen, was in Wirklichkeit passiert war? Wie ihnen sagen, daß er eine Stimme in der Nacht gehört hatte und daß diese Stimme sich für den Diebstahl verantwortlich erklärte. Genau das hatte die Stimme doch getan. Der Polizei konnte er das auch nicht erzählen. Es war also besser, den Mund zu halten, als die Wahrheit zu sagen. Die Nachbarn beobachteten, wie er stumm und regungslos auf dem Boden liegen blieb und schnalzten mit der Zunge; sie schnalzten jedoch sehr mitfühlend und schüttelten die Köpfe. Unter sich tuschelten sie:

»Dieses Unheil, das über ihn hereingebrochen ist, hat wohl seinen Geist verwirrt. Da, unser Freund Jacob kriegt kein Wort heraus.«

Ein paar Frauen brachen in lautes Wehklagen aus. Sie hatten nicht vergessen, wie sie und ihre Familien gehungert hatten, und sie erinnerten sich, daß Jacob nie ein hungerndes Kind von seiner Tür weggeschickt hatte. Jacob war wegen seiner Großzügigkeit allgemein als guter Mensch bekannt, und ihr Wehklagen sollte eigentlich ein unausgesprochener Vorwurf an die Adresse Gottes sein. Warum hatte er es immer auf die Guten abgesehen? Wenn eines ihrer Kinder starb, klangen sie genauso, und die Geschichten, die sie erzählten, gerieten zu den reinsten Heiligenlegenden.

Zwei Wochen später kam Jacobs Frau zurück und sah sich einer von Grund auf veränderten Situation gegenüber. Als sie mit ihrem großen, rotgeschminkten Mund und ihren hochhakkigen Schuhen ins Haus gestöckelt kam, glaubte Jacob zum erstenmal in seinem Leben den Typus Frau zu erkennen, den er geheiratet hatte. Er sagte sich: »Ich werde ganz offen mit ihr reden. Wenn sie wirklich meine Frau ist, dann wird sie ihre Lebensweise ändern und mir beistehen bei dem, was ich zu tun habe.«

»Liebling«, legte sie los, während sie einen leuchtend roten Turban in die Ecke schleuderte und die Schuhe von den Füßen kickte. »Ich hab bereits alles gehört. Die Leute reden über nichts anderes, wohin man kommt. Sie behaupten sogar, es hätte deinen Geist verwirrt. Ich sagte: ›Bah! Das haben wir im Handumdrehen.‹ Hier bin ich wieder, es kann sofort losgehen.«

Sie hielt inne und blickte ihn mit einem strahlenden Lächeln an. Er erwiderte ihren Blick, während ihm die Angst die Kehle zuschnürte. Hatten sie sich in den zwölf Jahren ihrer Ehe wirklich nie einander mitgeteilt? Ihr Verhalten war ihm so fremd, als hätten ihre beiden Leben sich nie verschmolzen. Die Angst entsprang jedoch vor allem seiner eigenen Natur; er war immer nur auf Sicherheit aus gewesen, und er hatte nie eine andere

Frau geliebt, weil dieser Wunsch nach emotionaler Sicherheit so stark gewesen war. Nun würde er auch das noch verlieren. Trotzdem sprach er die verhängnisvollen Worte aus, und sie klangen sehr ernst und endgültig. »Wir werden den Getränkehandel aufgeben«, sagte er. »Ich muß den Auftrag des Herrn erfüllen.«

»Ha! ha! ha!« lachte sie, ein sorgloses, oberflächliches Lachen. Das Leben hatte für sie noch nie Tiefe besessen. Immer hatte sie es eilig. Außerdem war sie eine Frau mit gesundem Menschenverstand, ohne Macken und ohne Marotten.

»Das meinst du doch nicht ernst, mein Liebling?« sagte sie mit hochgezogenen Brauen.

»Doch, ich meine es ernst«, sagte er.

»Aber wer ist dieser Gott?« sagte sie. »Keiner hat ihn je gesehen. Wir Afrikaner haben nichts außer unserem Gott. Also setzen wir uns hin und beten und beten, aber er bringt uns nicht mal eine Unze Zucker. Es wäre was anderes, wenn er auf die Erde käme und wir ihn sehen könnten. Keiner glaubt wirklich an ihn, mein Schatz. Er kommt nicht herunter.«

»Du kannst sagen, was du willst«, erwiderte Jacob, »aber ich habe die Stimme Gottes gehört, und ich muß ihr gehorchen.«

Er hielt die letzten zehntausend Rand in der Hand, die er von der Bank abgehoben hatte. Er gab sie seiner Frau, stand auf und ging aus dem leeren Haus, ohne auch nur ein einziges Mal den Kopf zu wenden, nicht einmal nach seinen beiden kleinen Mädchen, die ihn mit großen Augen anschauten. Die Stimme Gottes hatte ihm befohlen, nach Makaleng zu gehen.

Es war nicht das erste Mal, daß Jacob Wohlstand kennengelernt hatte und über Nacht zum Bettler geworden war. Er war in einen begüterten Haushalt hineingeboren worden. Sein Vater, ein Deutscher, war nach Botswana gekommen, um mit Vieh zu spekulieren. Viele waren dabei zu Millionären geworden, denn es war einfach und schnell verdientes Geld. Der Deutsche hatte eine Botswana-Frau geheiratet und eine Farm gebaut, eine Art Transit-Farm, die vor allem dazu diente, die mageren Tiere, die er von den Einheimischen aufkaufte, zu mästen. Die Farm war nur wenige Meilen von Makaleng entfernt, und mehr als ein paar Monate waren nicht nötig, um die Sache zu organisieren und ein paar tausend Rand auf der Bank zu deponieren. Seine Frau schenkte ihm Zwillinge, zwei Söhne – den einen nannte sie Jacob, den anderen Isaac, Namen, auf die sie in der Bibel gestoßen war. Wenn man Jacob nach dieser Zeit fragt, kann er sich kaum noch daran erinnern. Nur daß er Schuhe trug, gut angezogen war und in einem Bett mit weißen Laken schlief, ist ihm im Gedächtnis geblieben. An seinen Vater und seine Mutter erinnert er sich aber kaum noch. Eines Tages – Jacob und Isaac waren gerade sechs Jahre alt geworden – fuhren sein Vater und seine Mutter mit dem Auto nach Makaleng. Als sie in strömendem Regen auf der schmalen Brücke den breiten Fluß überquerten, geriet der Wagen ins Schleudern und stürzte über das Geländer in den schlammigen Strom. Beide ertranken. Wie aus dem Nichts tauchte ein Onkel auf, der Bruder von Jacobs Mutter, der bittere Tränen über den Tod seiner Schwester vergoß. Er sprach mit dem damaligen Oberhaupt von Makaleng und bot sich an, die Vormundschaft für die beiden Jungen zu übernehmen, bis sie ihr Erbe antreten könnten. Was dann geschah, veranlaßte die Leute häufig zu der Behauptung, der damalige Chief von Makaleng wäre nicht leer ausgegangen, als den Kindern das Erbe gestohlen wurde. Es wäre seine Pflicht gewesen, aufzupassen, daß alles seine Ordnung hatte; er stellte sich jedoch immer taub, selbst wenn die Leute von Makaleng die haarsträubendsten Dinge berichteten. Der Onkel, der Bruder von Jacobs Mutter, wurde über Nacht zum reichsten Mann von Makaleng. Seine zwölfköpfige Brut trug plötzlich Schuhe und Socken. Er kaufte sich ein Backsteinhaus und ein Auto, und in der Hotelbar des Ortes an der Eisenbahn wurde er gesehen, wie er mit einem dicken Bündel Banknoten bezahlte. Die Kinder seiner Schwester, Jacob und Isaac, die jetzt bei ihm lebten, liefen ohne Schuhe und in den abgelegten Lumpen der Kinder ihres Onkels herum. Die wenigen Tiere, die nach dem Verkauf und der Massenschlachtung von den fünfzigtausend Rindern übriggeblieben waren, wurden Jacob und Isaac überlassen, die sie auf alte, traditionelle Art auf der von der Vampirfliege verseuchten Weide von Makaleng hüten mußten. Die Kinder des Onkels brauchten keinen Finger mehr zu rühren. Sie hatten zwei Sklaven bekommen.

Diejenigen, die geboren werden, um zu leiden, erfahren das Leiden in seiner ganzen Tiefe. Das Unrecht, das den beiden Kindern zugefügt wurde, beschränkte sich nicht auf die Wegnahme ihres Erbes. Von dem Onkel und den übrigen Verwandten wurde außerdem ins Feld geführt, daß die Kinder ihrer Abstammung nach nicht reinrassig und deswegen minderwertig seien. Das Essen, das sie bekamen, entsprach diesem Status. Es bestand aus einfachem Porridge mit Salz und Wasser, und es gab ihn zu jeder Mahlzeit, Tag für Tag, jahraus, jahrein. Ihre Schlafstätte befand sich in einer baufälligen Hütte am äußersten Ende des Hofs ihres Onkels. Sie schliefen auf alten Säcken und verbrachten ihre ganze Jugend in dieser Hundehütte.

Jacob ist inzwischen ein alter Mann. Er erzählt diese Kindheitserfahrungen ohne Bitterkeit. Und er erzählt auch, daß sein Onkel – vielleicht von uneingestandenen Schuldgefühlen geplagt – ihn und seinen Bruder auf die Abendschule von Makaleng geschickt hätte, auf die auch die anderen Hütejungen gingen, die tagsüber keine Zeit hatten, die Schule zu besuchen. Er erinnert sich sogar, wie ihnen beigebracht wurde, das Alphabet zu singen und dabei in die Hände zu klatschen.

Seine Geschichte erreicht einen Punkt, an dem man sowohl an dem Verstand Jacobs wie auch an dem seines Gottes zu zweifeln anfängt. Seine Erfahrungen als Erwachsener und seine Zwiesprache mit Gott kann man ihm ja noch abnehmen, aber die Grausamkeit und die Prüfungen, die einem hilflosen, kleinen Geschöpf widerfuhren, sind irgendwie unglaubwürdig. Wenn er erzählt, was er als Zwölfjähriger erdulden mußte, so wirft das ein schlechtes Licht auf Jacobs Gott. Damals starb Jacobs Zwillingsbruder Isaac, ausgehungert und ausgelaugt von der schweren Arbeit. Eine entsetzliche, abgrundtiefe Verlassenheit bemächtigte sich des kleinen Jungen, der in jener Nacht alleine zurückblieb. Er hatte das einzige Wesen verloren, das ihm in einer von Ungeheuern bevölkerten Welt etwas Liebe gegeben hatte. Man hört zwar immer wieder von der Liebe und Verbundenheit in Dorfgesellschaften, und häufig entspricht das auch der Wirklichkeit – aber Jacobs Onkel war auch Wirklichkeit. Einem Kind, das in diesen Strudel der

Grausamkeit gerät, bleibt nichts anderes übrig, als einsame, heiße Tränen im Dunkel der Nacht zu vergießen.

Um diese Zeit, sagt Jacob, als er allein in seiner baufälligen Hütte lag und weinte, hörte er zum erstenmal die Stimme seines Gottes.

»Jacob«, sagte sie, »eines Tages wirst du mein auserkorenes Werkzeug sein. Alles, was du jetzt erträgst, soll dich nur auf die Aufgabe vorbereiten, die ich dir zugedacht habe.«

Jacob fuhr erschrocken hoch und wischte sich die Tränen aus den Augen. Auch damals suchte er mit den Augen den Raum nach einer Gestalt ab, konnte aber nichts entdecken; er war nur durchdrungen von dem überwältigenden Gefühl, eine Stimme gehört zu haben. Man wird sich begierig zu dem altgewordenen Jacob vorbeugen; sein Gott erscheint sehr verdächtig, und man fragt: »Hat er dir am nächsten Tag etwas Fleisch zu diesem schrecklichen Porridge gebracht? Hat er die Welt verändert und einem kleinen Jungen, der in seinen Lumpen vor Kälte zitterte, etwas Warmes zum Anziehen gegeben?« Auf diese Fragen hin blickt Jacob einen nur erstaunt an. In all den Jahren ist es ihm noch nie in den Sinn gekommen, seinen Gott um etwas zu bitten. Er war viel zu beschäftigt gewesen, den Befehlen und den seltsamen Anweisungen der Stimme nachzukommen. Es hatte nicht den Anschein, als ob Jacobs Gott ihm auch nur das Geringste gönnte, weder dem Erwachsenen noch dem kleinen Jungen. Er gab ihm kein Fleisch. Und nichts Warmes zum Anziehen. Man hat das Gefühl, daß etwas nicht stimmt, wenn selbst ein alter Mann wie Jacob keine Schuhe besitzt. Man findet es zum Heulen, daß der hochbetagte Jacob keine Schuhe trägt. Man wird ihn deshalb beinahe heftig fragen: »Liebt er dich denn, dieser Gott? Warum läßt du zu, daß er dein Leben dermaßen durcheinander bringt?«

Jacob schweigt und denkt darüber nach. Dann sagt er, daß jedesmal, wenn die Stimme zu ihm sprach, ein tiefer Friede sein Herz erfüllt habe; dieser Friede gab ihm auch den Mut, all das zu tun, was die Stimme von ihm verlangte. Für einen Außenstehenden war das, was zwischen Jacob und seinem Gott vorging, ziemlich unbegreiflich. Eine andere Sache war jedoch, wie diese Verbundenheit sich in Taten ausdrückte. Alles, was mit seiner Person zusammenhing, war schlicht und schön und zutiefst aufrichtig. Er hatte außerdem eine der sonderbarsten Gemeinden weit und breit.

Kurz nach seiner Ankunft in Makaleng, nachdem er sich von seiner Frau getrennt hatte, machte sich Jacob daran, eine Lehmhütte zu bauen, die sowohl ihn wie auch seine Kirche beherbergte. Sein Onkel und der Chief von Makaleng, die ihn und seinen Bruder um das Erbe gebracht hatten, waren schon längst tot. Bei dem Tod seines Onkels hatten die Verwandten sich gewaltig in die Haare gekriegt, als das restliche Vermögen aufgeteilt wurde, auf das sie eigentlich gar keinen Anspruch hatten. Diese Verwandten lebten dort, wo die Sonne unterging, und waren Anhänger des Propheten Lebojang. Die Verwandten, wie auch der Prophet Lebojang, taten in der Öffentlichkeit so, als hätten sie die plötzliche und unerwartete Rückkehr Jacobs überhaupt nicht zur Kenntnis genommen. Er war beinahe vierzehn Jahre weggewesen; das Haus seines Onkels hatte er verlassen, als er erkannte, daß er auf eigenen Füßen stehen und selbst seinen Lebensunterhalt verdienen konnte. Aber insgeheim – wie alle Diebe – verfolgten sie mit brennendem Interesse Jacobs Tätigkeiten in dem Teil der aufgehenden Sonne, denn sie befürchteten immer noch, er könne den Diebstahl seines Erbes an die große Glocke hängen. Sie wußten auch, daß der Prophet Lebojang all diesen bösen Zauber auf den Propheten Jacob herabbeschworen hatte. Keiner verstand jedoch, warum der Prophet Lebojang den Propheten Jacob nicht einfach aus dem Weg räumen ließ, nachdem er mit seinem bösen Zauber nichts erreicht hatte. Manche glaubten, die Stimme, die zu dem Propheten Jacob sprach, hätte auch zu dem Propheten Lebojang gesprochen und ihm befohlen, dem Propheten Jacob unter keinen Umständen etwas anzutun. Dieses Gerücht ging im Dorf um, angeblich hatte der Prophet Lebòjang es selbst in Umlauf gebracht.

Das, was der Prophet Jacob in dem Teil der aufgehenden Sonne unternahm, bewirkte jedoch nur, daß die Verwandten und der Prophet sich vor Lachen auf dem Boden wälzten. Nachdem er seine Hütte fertig gebaut hatte, besorgte sich der Prophet Jacob ein paar Meter billigen Stoff, aus dem er sich einen Priestermantel schneiderte, an den er ein kleines Kreuz heftete. Als nächstes zimmerte er sich einen kleinen Holztisch und schnitzte drei Kerzenhalter. Diese stellte er auf den Tisch, und immer, wenn er beten wollte, stellte er einen Krug mit frischem, sauberem Wasser neben die Kerzenhalter. Neugierige Besucher fragten ihn gelegentlich, was es denn mit dem Wasserkrug auf sich habe, und er antwortete einfach nur, daß sein Gott ihm befohlen habe, das Wasser dorthin zu stellen. Nach jedem Gebet mußte er es in Flaschen füllen und den Menschen geben, die Schmerzen oder Kummer hatten. Sein Gott hatte ihm versichert, daß das heilige Wasser alle Leiden heilen würde.

Um eine Kirche wie die des Propheten Jacob aufzusuchen, bedurfte es einer großen Schlichtheit des Herzens. Der Prophet Jacob besaß keine Schuhe und hielt den Gottesdienst barfuß ab. In Botswana gibt es unendlich viele seltsame Kirchen – Ableger des Christentums –, aber keine verzichtet völlig auf Gold und Glitzer. Sie verfügen über genügend Geldmittel. Manchmal werden Gott und der Teufel viele Jahre auf demselben Altar verehrt – wie bei dem Propheten Lebojang –, und nichts passiert, außer daß sich die Kassen füllen. Im Gegensatz zu ihnen besaß der Prophet Jacob nur die Stimme seines Gottes, der er gehorchte. Diese Stimme gab ihm sehr strikte Anweisungen. Er durfte unter keinen Umständen Leute rekrutieren. Die Leute würden ihm gesandt werden. Und er würde auch immer nur so viel Brot bekommen, wie er zum Leben brauchte, und dieses Brot müsse er mit jedem teilen, der seine Hütte betrat. Von diesen Befehlen wich der Prophet Jacob keinen Fingerbreit ab.

Die nächste Überraschung, die Jacob erlebte, war die Gemeinde, die ihm von seinem Gott gesandt wurde. Eines Nachmittags gegen Sonnenuntergang, als Jacob in der Stille seiner Hütte saß, wurde die Tür langsam aufgedrückt, und sechs kleine schwarze Gesichter spähten vorsichtig in den Raum.

»Wir wollen in die Kirche, Maruti*«, sagten die Kinder.

Voller Freude sprang Jacob auf und legte schnell seinen Mantel um. Die Worte der Kinder entsprachen einem Traum,

* Priester

den er gehabt hatte. In dem Traum hatte er ein Lied gesungen. Der Text lautete folgendermaßen:

Schau, ich komm wieder auf den Wolken des Ruhms
Und siehst du meine Kinder,
dann sag: Dumelang! Halleluja!

Das Lied hatte einen sehr vergnügten Rhythmus. Die kleinen Mädchen wurden auch gleich davon angesteckt, und ihre Rökke wippten auf und ab, während sie den Takt hielten, indem sie kräftig in die Hände klatschten. Von diesem Tag an war Jacobs Hütte der reinste Bienenkorb, und es dauerte nicht lange, bis das ganze Viertel der aufgehenden Sonne zu seinem Einflußbereich gehörte. Die Kinder erzählten ihm, wer wo krank in seiner Hütte lag, und der Anblick Jacobs, der hinter einer Gruppe singender Kinder durchs Dorf zog, um sich von ihnen zu den Kranken führen zu lassen, war bald nichts Ungewöhnliches mehr. Es gelang ihm, die Leute von ihren Sorgen und ihren Leiden zu befreien; ohne viel Aufhebens standen sie auf und gingen wieder ihrer Arbeit nach.

Nach der ersten belustigten Kenntnisnahme kümmerte sich niemand mehr um Jacobs Kirche, zum einen wegen seiner Armut, zum andern wegen der ausschließlich aus Kindern bestehenden Gemeinde. Von den Erwachsenen schloß sich keiner Jacobs Kirche an, obwohl dank der Kinder viele die Segnungen seines Gottes empfingen. Ein paar kamen auch sehnsüchtig zu Jacob und fragten ihn, ob sie Mitglieder seiner Gemeinde werden könnten. Er antwortete jedoch immer:

»Geh erst mal zu deinem Maruti und frag ihn um Erlaubnis.«

Die Erlaubnis wurde nie erteilt. Aber Jacobs Ruf wurde allmählich immer bedeutender; die Leute sprachen mit ähnlich Gesinnten über seine Herzensgüte, und wenn der Transporter die Besucher nach Makaleng brachte, ging die eine Hälfte zu Jacobs Hütte und die andere zu dem herrschaftlichen Haus Lebojangs. Es war beinahe so, als gäbe es zwischen den Leuten, die Jacob aufsuchten und denjenigen, die zu Lebojang gingen, keinerlei Gemeinsamkeiten. Lebojang verhielt sich wie ein Geschäftsmann. Man bezahlte ihn für seine Dienste, und damit hatte es sich.

Wenn man gut gekleidet war und nach Geld aussah, kam sofort ein Diener auf einen zu und führte einen in Lebojangs Empfangszimmer. Dort wurde man mit den Leckereien aus Lebojangs Vorratskammer verwöhnt, bis er sich einem widmen konnte. Kam man jedoch in Lumpen gekleidet an, saß man den ganzen Tag im Hof herum, und nach dem Gespräch mit ihm mußte man sich im Dorf nach etwas zum Essen umschauen. Lebojang nahm die Reichen zwar ebenso wie die Armen aus, aber die Leckereien aus seiner Vorratskammer bekamen nur die, die sie am wenigsten brauchten. Für reich und arm gab es nur einen Grund, Lebojang aufzusuchen – seine erstaunlichen hellseherischen Kräfte.

Eine Frau kam zum Beispiel von weither gereist, um Lebojang zu berichten, daß sie lange Zeit eine Geldbörse unter ihrer Matratze versteckt gehalten habe, bis dann eines Tages keine Börse mehr dagewesen sei. Der Dieb sei nicht auszumachen gewesen. Lebojang schwieg eine Weile und richtete dann seine durchdringenden Augen auf die Frau.

»Hast du eine Bekannte namens Bontle?« fragte er. Und die verblüffte Frau nickte einfach nur mit dem Kopf.

»Sie war's«, sagte Lebojang. »Sie hat am 25. Februar deine Geldbörse gestohlen.«

Oder eine Frau erzählte, daß die Schwierigkeiten mit ihrem Mann, der plötzlich zu trinken angefangen hatte, kein Ende nähmen. Und Lebojang fragte:

»Hat er einen Freund namens Toto...? Also, dieser Toto hat nur eine Sache im Sinn, und das ist, dich rumzukriegen. Deshalb versucht er aus deinem Mann einen Trinker zu machen.«

Solcher Art waren Lebojangs Kräfte. Er konnte die Namen und den genauen Zeitpunkt nennen, und er konnte die Zukunft voraussagen. Seine Dienste ließ er sich jedoch teuer bezahlen. Es war ihm auch gleichgültig, ob seine Prophezeiungen die Leute vergifteten oder verrückt machten; er nahm einfach das Geld, und damit hatte es sich. Aber die Namen und Prophezeiungen konnten wenigstens laut ausgesprochen werden. Als seine anderen Umtriebe bekannt wurden, fingen die Leute an, über die Natur des Bösen nachzudenken.

Die andere Hälfte der Besucher erzählte keine Geschichten von verlorenen Geldbörsen oder betrunkenen Ehemännern, sondern sie sprachen über die Ängste, die in ihnen steckten. Sie sagten zu Jacob:

»Mir geht's so schlecht. Ich weiß gar nicht, wo ich anfangen soll.«

Über die konkreten Anlässe wurde nie gesprochen. Unter den Versammelten war zum Beispiel ein Mann, der ein ganzes Jahr lang ohne Arbeit gewesen war und dessen Familie in größter Not lebte. Nachdem er Jacob aufgesucht und an dem Gottesdienst in seiner Kirche teilgenommen hatte, fand der Mann innerhalb von zwei, drei Tagen einen Job, nichts Großartiges, aber die Not war fürs erste gebannt. Und noch etwas entwikkelte sich auf ganz natürliche Weise – ein Austausch von Geschenken. Keiner verließ Jacobs Hütte ohne ein kleines Paket. Und aus Dankbarkeit brachten viele Hilfesuchenden auch Jacob etwas mit: ein Säckchen Mais, ein Säckchen Zucker, einen Karton Eier und so weiter. Diese Geschenke füllten die Mägen der Hungrigen, so daß keiner Jacobs Hütte verließ, ohne gegessen zu haben. Im Grunde gehörte die Kirche aber den Kindern. Sie kamen, wenn der Tag zu Ende ging, und die Erwachsenen saßen respektvoll auf der Seite, während Jacob und die Kinder Zwiesprache mit Gott hielten. Niemand schien sich über dieses Phänomen zu wundern – wie es möglich war, daß Kinder in einem Alter, in dem ihnen gerade die ersten Zähne ausfielen, pünktlich bei Sonnenuntergang zur Predigt erschienen. Und dabei verstanden sie kein Wort, selbst Jacobs einfache Predigten überstiegen ihr Fassungsvermögen.

Auf diese Weise bildeten sich entsprechend ihrer seltsamen Tätigkeiten eine Routine und ein Ritual um das Leben der beiden Propheten von Makaleng. Der Prophet Lebojang strebte nur danach, seinen Reichtum zu vermehren; als sein Schicksal ihn ereilte, sollte er es beinahe zum Millionär gebracht haben. Der Prophet Jacob hingegen richtete sein ganzes Streben auf den Herrn. Und als Dank schien der Herr eine neue Wende im Leben des Propheten Jacob herbeizuführen. Nachdem er viele Jahre allein gelebt hatte, sandte ihm der Herr eine Frau mit dem Namen Johannah.

Johannah war eine hochgewachsene, auffallend schöne Frau mit einem wunderschön geschwungenen Mund, den immer ein leichtes Lächeln umspielte. Und ihre pechschwarzen Augen waren von dichten, dunklen Wimpern umgeben. Diese beiden Eigenschaften hatten sie häufig in eine peinliche Lage gebracht. Sie war eine Frau, der die Männer nachblickten. Weniger attraktive Frauen hatten ein besseres Gefühl für die Gelegenheiten gehabt, die sich ihnen boten. An Heiraten war nicht mehr zu denken, Johannah hatte zwar viele Heiratsangebote bekommen und vier Kinder in die Welt gesetzt, immer in der Absicht, den Vater zu heiraten, aber im entscheidenden Augenblick war der Mann dann einfach verschwunden.

Ein paar Jahre lang hatte Johannah bei ihrem älteren Bruder gelebt, der Frau und Kinder hatte. Als unverheiratete Frau mit Kindern mußte sie alles, was im Haushalt anfiel, erledigen. Sie wusch und kochte für die ganze Familie, und sie flickte für die Kinder ihres Bruders wie auch für ihre eigenen die zerrissenen Sachen. Die Frau ihres Bruders machte sich nie die Hände schmutzig mit Hausarbeit; entweder lag sie bis elf Uhr morgens im Bett, oder sie stand auf, warf sich in Schale und besuchte Verwandte und Bekannte. Wenigstens, so sagte sich Johannah, brauchte ihr Bruder kein Hausmädchen für seine extravagante Frau. Johannah paßte auf, daß keine Nahrungsmittel vergeudet und kein Haushaltsgeld verschwendet wurde. Aber trotz aller Anstrengungen änderte ihr Bruder plötzlich sein Verhalten ihr gegenüber. Er wurde häufig wütend oder ungeduldig, da seine Frau ihm dauernd in den Ohren lag:

»Zwei von Johannahs Kindern kommen in die Schule. Wirst du das Schulgeld bezahlen?«

Johannah wurde schließlich vor den Familienrat zitiert. Die Verwandten hatten sich im Hof versammelt und Johannahs Bruder trug ihnen seine Beschwerden vor; er konnte es sich nicht leisten, neben seinen eigenen Kindern auch noch Johannahs Kinder zu versorgen. Eine Zeitlang hackten sie auf ihren Vergehen herum und echauffierten sich dabei; sie nannten sie eine Schlampe, eine Frau mit einem lockeren Lebenswandel, die ihre Sünden auf die leichte Schulter nahm. Johannah hörte sich alles mit einem belustigtem Lächeln an, vor allem die schrillen Klagen ihrer Schwägerin.

Wenn Johannah nicht mehr da war, würde sie die ganze Hausarbeit machen? Schließlich durfte Johannah sich äußern. Sie reckte stolz den Kopf und zitierte ein altes Sprichwort:

»Alles, was über mich gesagt wurde, mag stimmen«, sagte sie. »Aber ich bin eine echte Frau, und die Kinder einer echten Frau werden, wie es heißt, nie verhungern oder sterben.«

Johannah verbrachte viele Tage damit, in der Gegend herumzulaufen und sich eine Arbeit zu suchen, jedoch ohne Erfolg. Während sie von Tür zu Tür ging, um ihre Dienste anzubieten, hörte sie von dem Propheten Jacob aus dem Ort Makaleng, der schon vielen Leuten zu einer Arbeit und zu innerem Frieden verholfen hatte. Eines Morgens, noch vor Sonnenaufgang, machte sie sich auf den Weg nach Makaleng und kam am späten Vormittag dort an.

Wie alle, die den Propheten Jacob besuchten, nahm sie seine Armut und die Einfachheit seiner Kirche überhaupt nicht wahr, sondern fing gleich an, von ihren Enttäuschungen und Schwierigkeiten zu reden. Ab und zu, wenn sie sich an all die nicht eingelösten Heiratsversprechen erinnerte, an die schwierige Situation als sitzengelassene Frau, die ihre Kinder ohne Vater großziehen mußte, brach sie in Tränen aus. Ihre Art zu weinen war so ungewöhnlich, daß selbst Jacob, der sich ganz auf ihre Klagen zu konzentrieren versuchte, sich von ihren Tränen ablenken ließ. Sie kamen in heftigen, kleinen Schüben, sammelten sich in dem Dickicht ihrer Wimpern und wurden dann fein säuberlich in ihrem Schoß deponiert. Die sanfte Rundung ihrer Wangen wurde dabei von keiner einzigen Träne besudelt. Ihre Tränen spiegelten die Intensität ihrer Gefühle; es war, als würde sie immer nur eine Sache sehen, den Augenblick, die Gegenwart, ohne sich mit der Vergangenheit lange aufzuhalten. Er bemerkte, daß die heftigen kleinen Tränenschübe nur dann erfolgten, wenn sie sich an eine Enttäuschung erinnerte und sie in Worte faßte. Alles an ihr war offen und gerade.

»Ich hab eingesehen, daß die Schuld bei mir liegt«, sagte sie. »Ich glaubte einfach jedesmal, daß der Vater meines Kindes mich heiraten wolle. Ich hab für meine Leichtgläubigkeit teuer bezahlen müssen. Aber es gibt da dieses Sprichwort: Die Kinder einer echten Frau fallen nicht ins Feuer.«

Dann versank sie in abwartendes Schweigen und hielt die hübschen Augen auf ihren Schoß gerichtet. Jacob zögerte ebenfalls. Sie war die einzige Besucherin an diesem Tag, und sie war sehr früh gekommen. Er sagte die Gebete für die Besucher nie ohne die Kinder, die inzwischen zu einem festen Bestandteil seines Lebens geworden waren. Vielleicht wollte diese Frau sich etwas zu essen machen. Der Hunger stand ihr auf dem Gesicht geschrieben.

»Ja, da hast du recht«, sagte er langsam. »Es gibt eine Menge sehr vernünftiger Sprichwörter. Es gibt da dieses Sprichwort, daß der Fuß nicht immer nach Hause findet. Vielleicht komme ich eines Tages durch dein Dorf und bin halb verhungert. Du würdest dich bestimmt gleich an den Herd stellen und etwas für mich kochen. Ich werde mich also schon im voraus dafür revanchieren. Da hinten in der Ecke steht ein Sack Mais und daneben ein Teller mit Fleisch. Mach dir was draus und iß.«

Über das Gesicht der Frau huschte ein angenehm überraschtes Lächeln. Sie erhob sich mit einer knappen, kontrollierten Bewegung und machte sich dann sehr ernsthaft und konzentriert an die Arbeit.

Es stimmt also, dachte sie, während sie in den Sack Mais griff. Die Güte dieses Mannes zeigt sich in seinen Taten wie in seinen Worten. Was für ein Glück, daß ich hierher gekommen bin. Meine Sorgen sind wie weggeblasen.

Sie hatte einen langen Nachhauseweg und konnte nicht viel Zeit verlieren. Jacob benachrichtigte also die Kinder, damit sie gleich nach dem Essen ihre Gebete und das gesegnete Wasser empfangen konnte. Im Handumdrehen füllte sich der Hof mit hurtigen, kleinen Füßen, die aus allen Richtungen herbeieilten. Johannah hielt beim Umrühren ihres Porridge inne und starrte erstaunt auf die Kinder. Das stimmte also auch: Die Gemeinde des Propheten bestand aus Kindern. Die Frau, die ihr das erzählt hatte, hatte mit den Schultern gezuckt und gelächelt. Auch wenn sie neugierig waren, hatten die Leute sich doch aus Respekt für den Propheten Jacob zurückgehalten und ihm keine Fragen gestellt, was diese Sache betraf.

Ich werde meine Kinder auch hierherbringen, dachte Johannah. Hier widerfährt einem nur Gutes.

Eine Stunde später eilte Johannah schnellen, leichten Schrittes nach Hause. Es war, als würde sie ein sanfter Wind vorwärtstreiben. Auf dem Kopf trug sie etwas Mais für sich und ihre Kinder, ein paar Eier, Zucker und Tee. In ihrem Herzen trug sie die Erinnerung an die singenden Kinder.

Ich hab wirklich Glück gehabt, dachte sie. Was war das doch für ein wunderschöner Tag.

Allein in seiner Hütte wunderte sich Jacob über die Unruhe, die er an jenem Abend empfand. Um diese Zeit pflegte sich seine Seele, der Sorgen des Tages entledigt, in Frieden und Freiheit zu erheben. Aber an jenem Abend blieb sie der Erde fest verhaftet und sinnierte über alle möglichen Nichtigkeiten. Zuerst sagte sie sich:

»Na und, jeder weint nach seiner Facon. Manche weinen, als würden sie ihre Tränen auf den trockenen Boden spucken.«

Dann ertappte er sich bei diesen müßigen Gedanken und murmelte:

»Aber ich bin doch ein alter Mann inzwischen. Ich muß ungefähr fünfundfünfzig sein«, und ein tiefer Seufzer entrang sich ihm, während er an das unvermeidlich näherkommende Alter dachte. Dann ging das Spiel wieder von vorne los:

»Porridge ist Porridge, aber manche kochen ihn einfach besser als andere...«

So ging das eine Weile, und Jacob bemerkte überhaupt nicht, daß er dabei vorsichhinlächelte. In dieser Verfassung vernahm er die Stimme Gottes, die laut und deutlich in seinen Ohren dröhnte. Sie sagte:

»Was bist du doch für ein Narr, Jacob. Wie konntest du nur deine zukünftige Frau so schnell gehen lassen?«

Jacob, der damit nicht gerechnet hatte, antwortete zum erstenmal seinem Gott. Er sagte:

»Ich bin ein alter Mann. Und sie sieht aus wie neunundzwanzig.«

Und er drehte sich um und blickte erstaunt über seine Schulter. Aber nichts war zu hören außer... außer einem leisen, unterdrückten Lachen. Völlig aus dem Gleichgewicht gebracht, stand Jacob auf und breitete seine Decken auf dem Boden aus.

Die Monate vergingen, und dann, an einem Sonntagmorgen, kam Johannah wieder mit dem frühen Transporter nach Makaleng zurück, dieses Mal jedoch mit ihren Kindern. Sie sah sehr schick aus in ihrem neuen Baumwollkleid und den nagelneuen Schuhen mit den flachen Absätzen.Einen Tag nachdem sie den Propheten Jacob aufgesucht hatte, hatte sie eine Stelle als Köchin und Haushälterin bei einem wohlhabenden Mann gefunden, der ihr zehn Rand im Monat bezahlte. In seinem Herzen hatte Jacob schon gewußt, daß sie wiederkommen würde, da aber keiner von seinen Besuchern das Geheimnis seines Herzens kannte, bemerkte auch keiner, daß der Prophet Jacob es sorgfältig vermied, in Johannahs Richtung zu blicken. Sein Herz war jedoch von einer überwältigenden Freude erfüllt, und seine Augen leuchteten, als wäre eine Kerze in ihnen angezündet worden. Die Freude in Jacobs Herzen steckte die anderen an. Ein großes Essen wurde improvisiert; einer ging los und kaufte eine Ziege, ein anderer holte Reis und wieder ein anderer Gemüse und Salat, während die Frauen sich im Haus tummelten, um alles vorzubereiten. Die Kinder erschienen mit frisch gewaschenen Gesichtern und in ihren sauberen Sonntagskleidern; sie setzten sich zwischen die Gäste, klatschten in die Hände und sangen die Lieder, die ihnen Jacob beigebracht hatte. Die Bewohner von Makaleng waren höchst erstaunt. So viel Trubel hatte es noch nie bei dem Propheten Jacob gegeben.

»Vielleicht feiert der Prophet Jacob seine Hochzeit«, sagten sie. »Vielleicht heiratet einer seiner Besucher.«

Und sie wuschen sich schnell und liefen zu dem Propheten Jacob hinüber. Es gab jedoch weder eine Braut noch einen Bräutigam. Alles war eitel Freude. Nicht einmal gebetet wurde an jenem Tag, und das gesegnete Wasser wurde auch nicht ausgeteilt. Die Freude, die die Herzen der Leute erfüllte, war so gut wie jeder Segen. Als die Sonne unterging und der Transporter kam, um die Besucher in ihre Dörfer zurückzubringen, wollte keiner gehen. Der Fahrer mußte schließlich aus seinem Lastwagen springen und die Leute antreiben:

»Hört mal, Leute«, schrie er, »ich kriege keine Überstunden bezahlt. Ich muß zu meiner Frau und den Kindern zurück.«

Die Besucher kletterten auf den Laster, blickten aber immer wieder bedauernd zurück. Sie sagten sich jedoch, daß sie am nächsten Sonntag wiederkommen wollten. Da der Prophet Jacob, verrückt wie er war, nie in die Richtung schauen wollte, in der er Johannah vermutete, entging ihm völlig, daß sie sich nicht unter den Besuchern befand, die auf den Lastwagen zurückgeklettert waren. Er starrte ihm solange nach, bis die flammend rote Sonne hinter dem flachen Horizont verschwand. Das Dunkel und die Verzweiflung, die sich auf seine Seele senkten, waren wie die pechschwarze Nacht, die über Makaleng hereinbrach. Er stieß einen tiefen Seufzer aus und ging langsam und schwerfällig auf seine einsame Hütte zu. Zum Glück hatte der Prophet Jacob ein starkes Herz, denn als er die Tür zu seiner Hütte öffnete, hatte die flammend rote Sonne ihren Kurs geändert und erleuchtete das Dunkel. Auf dem Boden saß Johannah mit ihren Kindern. Der Prophet Jacob brachte kein Wort hervor. Lange Zeit stand er wie betäubt an der Tür. Johannah ließ viele Tränenpakete in ihren Schoß fallen, da sie sich ihr Verhalten nicht erklären konnte: Sie wußte nur, daß es für sie schlimmer als der Tod gewesen wäre, auf den Lastwagen zu klettern und wegzufahren. Da sie aber Angst vor dieser Stille hatte, stieß sie hervor:

»Verzeih mir. Ich bin so glücklich hier.«

Man stelle sich das Erstaunen der Bewohner von Makaleng vor! Am nächsten Morgen mußten sie sich erst einmal die Augen reiben, weil sie es nicht glauben konnten und an ihrem Verstand zu zweifeln anfingen: Da stand der Prophet Jacob zusammen mit einer Frau in seinem Hof und baute eine Lehmhütte. Der Prophet Jacob hatte so lange ohne Frau gelebt, daß er für sie schon kein normaler Mann mehr war. In der Hoffnung, mehr über die näheren Umstände dieser unerwarteten Entwicklung zu erfahren, griffen ein paar Sensationslüsterne zu ihren Hacken und machten sich auf den Weg, um dem Propheten beim Bau seiner Hütte zu helfen. Gegen Mittag waren die Wände fertiggestellt, und der Prophet Jacob hatte auch schon das Gerüst für das Strohdach fertig. Die sensationslüsternen Klatschmäuler wurden an jenem Nachmittag von all den Frauen des Dorfes hereingebeten und bewirtet.

»Es stimmt«, sagten sie, »der Prophet Jacob hat eine neue Frau.«

Als sie die Geschichte von der komischen Seite sahen,

krümmten sie sich vor Lachen, bis ihnen die Tränen kamen. Auf diese Weise wurde es zu einer allgemein anerkannten Tatsache, daß Johannah die rechtmäßige Frau des Propheten Jacob war.

Was Jacob betraf, so eröffneten sich ihm ganz neue Welten. Es war nicht zu übersehen, daß in seinem Haushalt alles wie am Schnürchen funktionierte, dank dieser in den Sitten und Gebräuchen ihres Landes verwurzelten Frau. Jacob kannte diese Traditionen eigentlich überhaupt nicht, da er in keiner richtigen Familie aufgewachsen war, und es war für ihn, als würde er in eine Kindheit zurückversetzt, die er vielleicht gehabt hätte, wenn seine Mutter am Leben geblieben wäre. Seine erste Frau war ganz anders als Johannah gewesen, modern, herausfordernd und dem Dorfleben völlig entfremdet. Falls es so etwas wie Traditionen gab, die das Verhalten von Kindern und Erwachsenen bestimmten, sie kannte sie jedenfalls nicht. Von Johannah hingegen lernte er, daß es viele sehr rigorose und strikte Gesetze gab, die das Familienleben regelten. Obwohl Johannah selbst all diese vaterlosen Kinder in die Welt gesetzt hatte, hatte sie ihnen doch die Sitten und Gebräuche ihrer eigenen Kindheit eingebleut, so daß sie zu den wohlerzogensten Kindern gehörten, die er kennengelernt hatte. Für die Kinder war es eine ganz einfache, ja beinahe mühelose Sache, Jacob als ihren Vater zu akzeptieren, da es nämlich so üblich war, alle Erwachsenen als Mütter und Väter aller Kinder zu betrachten.

Erstaunt stellte Jacob fest, daß trotz dieser plötzlichen Invasion von so vielen Kindern die Dinge immer an ihrem Platz waren. Wenn Besuch kam und Tee serviert wurde, dann dauerte es nicht lange, bis eines der Kinder erschien und das stehengebliebene Teetablett vom Boden aufhob. Die Tassen und Töpfe wurden sofort abgewaschen und weggestellt. Es war immer Betrieb, ein ständiges Hin und Her. Und für die kleinen Mädchen und Jungen gab es auch immer etwas zu tun – Holz und Wasser mußten geholt, Mais zerstampft und die Böden aufgewaschen werden –, so daß die Kinder kaum jemals zur Ruhe kamen. Jacob, der an seine eigene Kindheit dachte, an seine Sehnsucht, auch mal spielen zu können, fragte seine Frau:

»Müssen die Kinder denn so viel arbeiten? Haben sie überhaupt noch Zeit zum Spielen?«

Sie schwieg einen Augenblick und starrte in ihren Schoß. Dann sagte sie mit einem schwachen Lächeln:

»Wir müssen die Kinder lehren, wie es wirklich zugeht im Leben. Ist das Leben ein Spiel? Nein, es ist nur Plackerei. Deshalb ist es besser, wenn die Kinder ihre Lektion in der Jugend lernen, damit sie das begreifen.« Ihr Argument schien ihm einleuchtend, aber Jacob machte sich Gedanken über die Begeisterung, mit der die Kinder zu seinem Gottesdienst kamen. Anscheinend war seine Kirche der einzige Ort, wo sie sich austoben konnten, wo sie singen und spielen durften. Er beschloß, auf die Predigten zu verzichten und mit ihnen nur noch zu singen und zu spielen. Vielleicht hatte Gott gesehen, was die Kinder alles ertragen mußten. Aber er sagte nichts zu seiner Frau, weil er auch mit der Art und Weise, wie sie ihre Kinder erzog, einverstanden war. Die alten Sitten und Gebräuche stimmten häufig mit dem überein, was Gott von ihm verlangte. Weil ihre Mutter ihnen das so beigebracht hatte, brachen sie ihr Brot und teilten es brüderlich untereinander oder auch mit den anderen Kindern, die gerade da waren. Jacob dachte über all diese Dinge nach, die er von seiner Frau lernte, auch über die Sitten und Gebräuche, die sie so strikt einhielt, um ihren Kindern zu zeigen, wie sie mit ihren Mitmenschen umgehen sollten.

Noch etwas erregte großes Aufsehen im Dorf. Jacob hatte jetzt eine Familie, aber kein Einkommen. Die beiden Ältesten kamen zur Schule und brauchten Geld für Kleidung und Schulgebühren. Deshalb verbrachte Jacob die Vormittage damit, mal da, mal dort auszuhelfen, um etwas Geld für die Bedürfnisse seiner Familie zu haben. Die Frauen im Dorf sagten, ein solcher Mann sei wirklich ein Segen für eine Frau. Wenn der Prophet Jacob sich dazu hergegeben hätte, eine Gemeinde wie die des Propheten Lebojang aufzubauen, dann hätte er eine Menge Geld von den Leuten bekommen können. Aber der Prophet Jacob sagte nur: »Frag zuerst deinen Maruti, ob er es erlaubt, bevor du meiner Kirche beitrittst.« Und welcher Priester hätte schon seine Erlaubnis gegeben, wenn das den Verlust eines Beitragszahlers bedeutete?

Nicht lange nach dieser neuen Entwicklung brach das Unheil über den Propheten Lebojang herein. Es fing ganz harmlos an. Ein Mann aus Makaleng namens Kelepile war bei seinen Geschäften in dem dreißig Meilen entfernten Ort an der Eisenbahnlinie aufgehalten worden und hatte den letzten Transporter verpaßt. Daraufhin hatte er beschlossen, die Strecke zu Fuß zurückzulegen. Kurz vor Makaleng sah er am Straßenrand einen großen Wagen stehen und hörte zornige Stimmen aus den Büschen kommen. Da er neugierig war, was die Leute so spät dort zu suchen hatten, machte er kehrt und schlich sich an die Stelle heran. Bald konnte er auch ganz deutlich verstehen, was sie sagten.

Eine unbekannte Stimme beklagte sich: »Es ist immer dasselbe, Lebojang. Immer willst du die besten Körperteile.«

Lebojang schien sehr wütend zu sein. Er sagte: »Hör zu, Bogosi, du kriegst keinen Pfennig, wenn du mir nicht das Herz gibst.«

Der Mann Kelepile hatte genug gehört. Die Knie zitterten ihm vor Schrecken. Und er hat oft gesagt, daß es ihm ein Rätsel sei, wie ihn seine Beine so schnell nach Makaleng getragen hätten. Er wußte ganz genau, daß sie über einen Ritualmord sprachen, der eben begangen worden war. Sein erster Gedanke war, die eigene Haut zu retten; aber zu seinem Erstaunen bemerkte er, daß ihn seine zitternden Beine zur Polizeiwache brachten. Und auf diese Weise konnte die Polizei Lebojang und zwei andere Männer, einen Zauberer und einen Chief, umzingeln. Sie hielten die Körperteile des toten Kindes noch in den Händen, als sie festgenommen wurden. Es war das erste Mal, daß die Täter auf frischer Tat ertappt worden waren. Zerstückelte Körper waren schon häufig gefunden worden, aber die Mörder wurden nur ganz selten gefaßt.

Lebojangs Lage war aussichtslos. Der Häuptling und der Zauberer wurden sofort zu Kronzeugen und schoben Lebojang die ganze Schuld zu. Der Zauberer zeigte sogar der Polizei die Gräber von zwanzig weiteren Opfern, um Lebojang zu Fall zu bringen. Sie sagten, sie hätten diese Morde begangen, um für das Vieh reicher Viehzüchter, wie der Häuptling einer war, einen Zaubertrank herzustellen. Lebojang konnte sogar Regen machen. Lebojangs Zaubermittel galten als die besten im ganzen Land. Zwanzig Jahre lang hatte er sie hergestellt und dafür Männer, Frauen und Kinder gemordet. Gleichzeitig war er Priester einer christlichen Kirche gewesen und hatte hinten auf seinem Mantel ein großes, blaues Kreuz getragen.

Lebojang wurde zum Tode verurteilt. Aber die Geschichte ist damit noch nicht zu Ende. Eine merkwürdige Sache ereignete sich nach Lebojangs Tod. Die Leute behaupteten, der Geist Lebojangs sei zurückgekehrt. Nachts klopfte er an die Türen all derer, denen er seinen Zaubertrank verkauft hatte. Manche packten ihre Sachen und flohen. Andere verloren den Verstand. Es wurde auch behauptet, Lebojang sei wie Lazarus. Er habe den Leuten, die er nachts aufweckte – denjenigen, die an den Ritualmorden teilgenommen hatten –, nur sagen wollen, sie sollten aufhören, andere Leute zu morden, denn seine Qualen seien einfach fürchterlich.

Als 1963 erstmals Grenzen zwischen Botswana und Südafrika errichtet wurden und Botswanas Unabhängigkeit im Jahre 1966 bevorstand, mußten alle gebürtigen Botswaner in ihre Heimat zurückkehren. In den alten Tagen der Kolonialzeit war alles durcheinandergeraten, und ein stetiger Strom von Menschen war viele, viele Jahre lang zwischen den beiden Ländern hin- und hergeflossen. Meistens hatten sie sich nur vorübergehend angesiedelt, vor allem, wenn es sich um Wanderarbeiter handelte, die in den Bergwerken arbeiteten; aber viele Leute mit festem Arbeitsplatz hatten sich dauerhaft niedergelassen. Diese Siedler nun wurden aus ihrem Lebenskreis herausgerissen und zu einem dörflichen Leben in ein Land, das im wesentlichen ein Agrarland war, zurückgeschickt. Bei ihrer Rückkehr brachten sie Bruchstücke einer fremden Kultur und städtische Gewohnheiten mit, die sie angenommen hatten. Die Dorfbewohner reagierten auf ihre Art; was ihnen gefiel und was nützlich für sie war, nahmen sie an, zum Beispiel die Rituale des Gesundbeterkults, die sich sofort verbreiteten – was schädlich für sie war, lehnten sie ab. In der Ermordung von Life schwang dieser komplizierte Unterton von Ablehnung mit.

Life war als kleines Mädchen von zehn Jahren zusammen mit ihren Eltern vom Dorf nach Johannesburg gezogen. Die waren inzwischen gestorben, und als Life siebzehn Jahre später zurückkehrte, stellte sie fest, daß sie, wie es Dorfbrauch war, noch immer ein Zuhause im Dorf hatte. Als sie erwähnte, daß sie Life Morapedi heiße, brachten die Dorfbewohner sie sofort zuvorkommend zum Innenhof der Morapedi im mittleren Teil des Dorfes. Der Familienhof war intakt geblieben, genauso, wie sie ihn verlassen hatte, außer daß er in seiner Verwahrlosung einen kläglichen Anblick bot. Da, wo die Ameisen ihre Nester gebaut hatten, war das Strohdach der Lehmhütten mit Erdklumpen bedeckt; die Holzstangen, die die Dachsparren der Hütten trugen, hatten sich geneigt, da ihr unteres Ende von den Ameisen zerfressen war. Die Gummibaumhecke war zu unverhältnismäßiger Größe herangewachsen und hatte den Innenhof in düstere Schatten eingeschlossen, die das Sonnenlicht abhielten; Unkraut und Gräser aus vielen Regenzeiten wucherten im Innenhof.

Lifes zukünftige Nachbarn, eine Gruppe von Frauen, blieben bei ihr stehen.

»Wir können dir helfen, deinen Innenhof in Ordnung zu bringen«, sagten sie freundlich. »Wir sind sehr glücklich, daß eines unserer Kinder heimgekehrt ist.«

Sie waren von der Eleganz dieses Stadtmädchens beeindruckt. Sie trugen im allgemeinen alte Kleider und bewahrten ihre allerbesten Sachen für besondere Anlässe wie Hochzeiten auf, und selbst diese besten Sachen waren vielleicht nur gewöhnlich bedruckte Baumwollstoffe. Das Mädchen trug ein teures, cremefarbenes Kostüm aus Leinenstoff, das für ihre hohe, volle Gestalt maßgeschneidert war. Sie hatte eine fröhliche, lebhafte und freundliche Art und lachte zwanglos und laut. Ihre Sprechweise war schnell und ein wenig hysterisch, aber das stand im Einklang mit ihrem ganzen Wesen.

»Sie wird uns ein bißchen Licht bringen«, sagten die Frauen zueinander, als sie fortgingen, um ihre Arbeitsgeräte zu holen. Sie suchten immer »nach dem Licht«, und damit meinten sie, daß sie stets für neue Ideen aufgeschlossen waren, die die Gewöhnlichkeit und Alltäglichkeit des Dorflebens auffrischen würden.

Eine Frau, die neben dem Morapedi-Innenhof wohnte, hatte Life ihre Gastfreundschaft angeboten, bis ihr eigener Innenhof in Ordnung gebracht war. Sie nahm den glänzenden neuen Koffer und ging Life voran in ihre eigene Hütte, wo Life sogleich mit allerlei freundlichen Aufmerksamkeiten bedacht wurde – ein Schemel wurde für sie an einen schattigen Platz gerückt, ein kleines Mädchen brachte ihr schüchtern eine Schale Wasser zum Händewaschen, und anschließend setzte man ihr ein Tablett mit einer Schale voll Fleisch und Haferbrei vor, damit sie sich nach ihrer langen Heimreise stärken konnte. Die anderen Frauen gingen rasch in ihren Innenhof, mit Hacken, um das Unkraut und Gras zu jäten, mit Körben voll Erde und Eimern voll Wasser, um die Wände neu mit Lehm zu beschichten; sie hatten zwei unbeschäftigte Männer gefunden, um die sich gefährlich neigenden Holzbalken der Lehmhütte zu befestigen. Diese Art von Hilfsbereitschaft war den Leuten im Dorf selbstverständlich, aber sie freuten sich, als sie feststellten, daß die Rückkehrerin anscheinend Geld in Hülle und Fülle hatte, mit dem sie großzügig um sich warf. Wenn die Arbeitsgruppe in ihrem Innenhof andeutete, daß das langsam in einem großen Eisentopf schmorende Fleisch einer Ziege helfen würde, die Arbeit in Schwung zu bringen, hatte Life sofort das Geld zur Hand, um die Ziege zu kaufen und außerdem Tee, Milch, Zucker, Töpfe voll Haferbrei und alles, wofür die Arbeiterinnen eine Vorliebe äußerten, so daß jene zwei Wochen, in denen Lifes Innenhof für sie verschönert wurde, wie ein einziges langes Hochzeitsfest erschienen. Die Leute aßen gewöhnlich nur bei Hochzeiten so viel.

»Wie kommt es, daß du soviel Geld hast, Kind?« fragte eine der Frauen endlich neugierig.

»In Johannesburg fließt das Geld in Strömen«, erwiderte Life mit ihrem fröhlichen und leicht hysterischen Lachen. »Man muß nur wissen, wie man es bekommt.«

Die Frauen nahmen dies mit Mißtrauen auf. Sie sagten zueinander, daß ihr Kind kein sehr gutes Leben in Johannesburg geführt haben konnte. Sparsamkeit und Ehrlichkeit beherrschten das Dorfleben, und jedermann wußte, daß man nicht gleichzeitig ehrlich und reich sein konnte; sie sahen auf jeden Pfennig und wußten, wie sie ihn erworben hatten – nämlich mit harter Arbeit. Sie stellten sich Geld nie als eine uferlose Quelle ohne Ende vor; es hatte immer ein Ende und war in dieser trockenen Halbwüste schwer zu erwerben. Sie sagten voraus, daß sie sich bald einleben würde – intelligente Mädchen bekamen früher oder später Arbeit bei der Post.

Life hatte eine wechselvolle Laufbahn von der Art hinter sich, wie sie eine Stadt wie Johannesburg vielen schwarzen Frauen bot. Sie war Sängerin, Schönheitskönigin, Werbemannequin und Prostituierte gewesen. Keinen dieser Berufe gab es im Dorf – die ungebildeten Frauen arbeiteten auf dem Feld oder im Haus, die gebildeten als Lehrerinnen, Krankenschwestern oder im Büro. Die erste Welle von Frauen, die Life an sich zog, waren die Bäuerinnen und Hausfrauen. Sie bildeten den äußerst konservativen harten Kern des Dorflebens. Nicht lange, und sie mieden sie völlig, weil bald ein endloser Strom von Männern bei ihr auftauchte. Es rief großes Erstaunen hervor, daß Life die erste und einzige Frau im Dorf war, die ein Geschäft daraus machte, sich zu verkaufen. Die Männer bezahlten sie für ihre Dienste. Die Einstellung der Leute zur Sexualität war tolerant und großzügig – man sah darin einen notwendigen Teil des menschlichen Lebens, der, so wie Nahrung und Wasser, möglichst immer verfügbar sein sollte, sonst würde das Leben verlöschen, oder man würde schrecklich krank werden. Um das Eintreten dieser Katastrophen zu vermeiden, hatten die Männer und Frauen im allgemeinen ein reges Liebesleben, aber auf einer achtbaren und menschlichen Ebene, wobei finanzielle Überlegungen erst im nachhinein hinzukamen. Als sich die Nachricht herumsprach, daß dies in Lifes Innenhof nun zu einem Geschäft geworden war, zog sie eine zweite Welle von Frauen an – die Bierbrauerinnen des Dorfes. Die Bierbrauerinnen waren ein lustiges und liebenswertes Völkchen, das sich schon vor langer Zeit emanzipiert hatte. Sie waren jeden Tag betrunken, und man konnte sie im Dorf herumtorkeln sehen, gewöhnlich mit einem großäugigen unehelichen Baby, das auf ihrer Hüfte festgebunden war. Auch sprachen und lachten sie laut und klopften einander auf die Schulter und hatten ihre eigene Sprache entwickelt.

»Liebhaber, ja, Ehemänner, hu, hu, nein. Tu dies! Tu das! Wir wollen selbst über uns bestimmen.«

Aber auch sie unterlagen der Ordnung des Dorflebens. Es gab viele Männer in ihrem Leben, aber sie waren alle eine Zeitlang ihre festen Freunde. Das übliche Arrangement war: »Mutter, du hilfst mir, und ich helfe dir.« Das war eigentlich nur Augenwischerei. Die Männer lungerten herum, lebten vom Geld der Frauen, und während der ganzen Zeit rückten sie vielleicht mit etwa zweihundert Rand von ihrem eigenen Geld heraus. Nach ungefähr drei Monaten wurde dann die Abrechnung gemacht:

»Mein Freund«, sagten die Frauen dann, »Liebe ist Liebe, und Geld ist Geld. Du schuldest mir Geld.« Und er wurde nie wieder gesehen, aber ein anderer Schuft nahm seinen Platz ein. Und so ging es immer weiter. In Life fanden sie ihre Königin, und wie bei allen Königinnen stellten sie deren Leben und

Treiben auf eine andere Stufe als ihr eigenes; sie versuchten nie, den zahlreichen Männern Geld aus den Taschen zu ziehen, weil sie nicht wußten, wie, aber sie mochten Lifes Innenhof. Sehr bald war der mittlere Teil des Dorfes ein Abbild des lärmenden und ausschweifenden Treibens eines Johannesburger Bezirkes im kleinen geworden. Ein Transistorradio plärrte den ganzen Tag lang. Männer und Frauen taumelten betrunken herum, und Speise und Trank flossen wie Milch und Honig. Die Leute der umgebenden Hütten betrachteten diese Erscheinung mit verkniffenen Lippen und bemerkten düster:

»Sie werden eines Tages noch alle vernichtet werden wie Sodom und Gomorrah.«

Genau wie die Bierbrauerinnen hatte auch Life ihre eigene Sprache. Wenn ihre Freunde ihr Erstaunen uber die riesigen Mengen von Steaks, Eiern, Leber, Nieren und Reis äußerten, die sie in ihrem Innenhof verzehrten – Sachen, die auch sie sich ab und zu einmal leisten konnten, aber die immer zu kaufen sie sich nie träumen ließen –, erwiderte sie sorglos und lässig: »Ich bin ans große Geld gewöhnt.« Sie glaubten es nicht; sie waren zu solide, um einem Glück zu vertrauen, das auf so wackeligen Füßen stand. Und als ob sie irgendein Verhängnis abwenden wollten, das vielleicht schon hinter der nächsten Ecke lauerte, brachten sie als Gegengabe für das frei ausgegebene Essen oftmals ihre eigenen dürren Dorfhühner mit, die sie in ihren Innenhöfen aufgezogen hatten. Und eine von Lifes Lebensweisheiten, an die sie sich einige Monate später schaudernd erinnern sollten, war: »Mein Motto ist: Leb schnell, stirb jung und sei eine schöne Leiche.« All das sagte sie mit der kühnen, zügellosen Freude einer Frau, die alle gesellschaftlichen Tabus gebrochen hat. In diese schwindelerregenden Höhen folgten sie ihr nie.

Einige Monate nach Lifes Ankunft im Dorf eröffnete das erste Hotel; es hatte auch eine Bar. Anfänglich wurde es von allen Frauen gemieden, und selbst die Bierbrauerinnen fanden, daß sie noch nicht *so* tief gesunken waren – mit der Bar verband sich auch die Vorstellung von Prostitution. Sie wurde Lifes bevorzugter Treffpunkt für ihr Gewerbe. Dadurch wurde es leichter, für den nächsten Tag Verabredungen zu treffen. Keiner der Männer machte sich Gedanken über sein Verhalten oder darüber, wie es zu einer so unnatürlichen Situation gekommen war – sie konnten alle ihre sexuellen Bedürfnisse umsonst im Dorf befriedigen, doch es schien sie zu reizen, daß sie zum erstenmal dafür zahlen sollten. Bald schon verkehrten sie mit Life in einer Art Kürzelsprache:

»Wann?« Und sie antwortete: »Zehn Uhr.« »Wann?« – »Zwei Uhr.« – »Wann?« – »Vier Uhr.« Und so weiter.

Dann vernahm man Grölen, anzügliche Konversation und das Aufklatschen von Männerhänden auf Hinterbacken. Sie war in ihrem Element, und ihre fiebrig glänzenden, leuchtenden schwarzen Augen streiften in der Bar umher und suchten alles und nichts zugleich.

Dann trat eines Abends leise der Tod in die Bar. Es war Lesego, der Viehzüchter, der gerade von seiner Viehweide, wo er drei Monate lang beschäftigt gewesen war, zurückkehrte. Jeder der Männer hatte einen eigenen Ruf im Dorf erlangt, und Lesego war einer der am meisten Geachteten und Geehrten unter ihnen. Die Leute sagten von ihm: »Wenn Lesego Geld hat und du brauchst es, wird er dir geben, was er hat und dich nicht wegen des Fälligkeitsdatums behelligen.« Er wurde auch noch aus einem anderen Grund geehrt – wegen seiner Klarsicht und seines ruhigen Gleichmuts. Die Leute hatten oft Schwierigkeiten, Streitfragen zu klären oder die Wahrheit in strittigen Angelegenheiten herauszufinden. Es war seine Art, sich in nichts verwickeln zu lassen, sich einen Streit anzuhören und immer das endgültige Urteil zu fällen: »Nun, die Wahrheit in dieser Angelegenheit ist...« Er war auch einer der erfolgreichsten Viehzüchter und hatte siebentausend Rand auf der Bank. Und immer, wenn er ins Dorf kam, schlenderte er müßig herum und schwatzte oder besuchte dörfliche Kgotla-Versammlungen,* so daß die Leute eine Redensart hatten: »Nun, ich muß mich wieder an meine Arbeit machen. Ich habe kein Geld auf der Bank wie Lesego.«

Wie üblich streiften die glänzenden Radaraugen fieberhaft in der Bar herum. Sie machten an jenem Abend zweimal in derselben Weise die Runde und blieben jedesmal abrupt eine volle

* Bezeichnet eine Art von Dorfgericht, eine Zusammenkunft der Alten zur Schlichtung von Streitfällen.

Sekunde lang an dem hageren, finster konzentrierten Ausdruck auf Lesegos Gesicht hängen. Kein anderer Mann in der Bar hatte diesen Ausdruck. Alle hatten sie einfältige, geistlose Gesichter. Er kam von allen, die sie in der letzten Zeit gesehen hatte, den Johannesburger Gangstern, mit denen sie verkehrt hatte, am nächsten – dieselben knappen, sparsamen Gesten, dieselbe kraftvolle und beherrschte Art. Alle Männer in seiner Nähe wurden still und begannen, sich leise und ernst mit ihm zu beraten; sie sprachen über die Tagesereignisse, die nie bis zu den entfernten Viehweiden drangen. Während alle anderen Männer auf sie zugehen mußten, hielt er stand, als ihre Radaraugen das dritte Mal herumschweiften, wandte er langsam den Kopf und befahl ihr wortlos, mit einer leichten Kopfbewegung:

»Komm her.«

Sie ging sofort zu ihm hinüber.

»Hallo«, sagte er mit erstaunlich sanfter Stimme, und ein Lächeln huschte über sein dunkles, zurückhaltendes Gesicht. Das war es, was Lesegos Wesen ausmachte – daß er im Grunde genommen ein freundlicher und sanfter Mann war, daß er Frauen mochte und auf diesem Gebiet so erfolgreich war, daß er seine Überlegenheit und seinen Erfolg als selbstverständlich betrachtete. Aber sie sahen einander aus ihren eigenen Welten heraus an und kamen zu verhängnisvollen Schlußfolgerungen – sie sah in ihm die Kraft und Männlichkeit der Gangster, er sah etwas Erfrischendes und Überraschendes in dieser völlig neuen Art von Frau. Er hatte alle seine Frauen nach einer Weile verlassen, weil sie ihn langweilten, und wie alle Leute, die ein alltägliches und eintöniges Leben führten, zog ihn dieser Unterton von Hysterie in ihr an.

Bald schon standen sie auf und gingen gemeinsam hinaus. Ein betretenes Schweigen legte sich über die Bar. Die Männer tauschten Blicke aus und wußten ohne irgendein Wort, daß alle anderen Verabredungen abgesagt waren, solange Lesego da war. Und als ob er ihre Gedanken laut ausspräche, äußerte Sianna, einer von Lesegos Freunden: »Lesego will es einfach einmal ausprobieren, so wie wir alle, weil es etwas Neues ist. Er wird nicht bei ihr bleiben, wenn er merkt, daß sie durch und durch verdorben ist.« Aber Sianna sollte feststellen, daß er seinen Freund nicht ganz verstand. Lesego ließ sich eine Woche lang nicht an seinen üblichen Treffpunkten blicken, und als er wieder auftauchte, da kündigte er an, daß er heiraten wolle. Die Nachricht wurde mit kalter Feindseligkeit aufgenommen. Man sprach von nichts anderem; es war so unerhört, als ob ein Verbrechen genau vor ihren Augen begangen würde. Sianna machte sich wiederum zum Sprecher. Er lauerte Lesego auf seinem Weg zum Dorf-kgotla auf:

»Ich bin über die Gerüchte über dich sehr erstaunt, Lesego«, sagte er geradeheraus. »Du kannst diese Frau nicht heiraten. Sie treibt es einfach mit jedem!«

Lesego erwiderte seinen Blick ruhig, dann sagte er in seiner gelassenen, gleichgültigen Art: »Wer tut das hier nicht?«

Sianna zuckte die Schultern. Spitzfindigkeiten waren zu hoch für ihn; aber was immer sonst noch vorging, es hatte nicht mit Geschäft, sondern mit Gefühl zu tun, aber machte das die Sache etwa besser? Lesego würgte eine Auseinandersetzung gern mit einem einfachen Einwurf ab. Als sie zusammen weitergingen, schüttelte Sianna mehrere Male den Kopf, um anzudeuten, daß ihm etwas Wichtiges entging, bis Lesego schließlich lächelnd sagte: »Sie hat mir alles über ihre schlechte Vergangenheit erzählt. Das ist nun vorbei.«

Nachdem sie verheiratet war, machte auch Life allen mit ihr befreundeten Bierbrauerinnen gegenüber diese Ankündigung: »Mein bisheriges Leben ist abgeschlossen«, sagte sie. »Ich bin nun eine Frau geworden.« Sie sah immer noch glücklich und ein bißchen hysterisch aus. Ihr fiel alles zu leicht, Männer, Geld und nun die Heirat. Die Bierbrauerinnen waren schnell dabei, mit demselben Erstaunen, das sie über die Steaks und die Eier geäußert hatten, Life darauf aufmerksam zu machen, daß es viele Frauen im Dorf gab, die sich wegen Lesego die Augen ausgeweint hatten. Sie fühlte sich sehr geschmeichelt.

Ihr Leben, zumindest das von Lesego, änderte sich durch die Heirat kaum. Er hing immer noch gern im Dorf herum. Die Regenzeit war gekommen, und zu dieser Jahreszeit hatten die Viehzüchter ein leichtes Leben, weil es genug Wasser und Weide für die Tiere gab. Er war nicht der Mann, der sich im Haus zu schaffen machte, und während dieser Zeit äußerte er sich nur dreimal über den Haushalt. Er übernahm die Verfügungsgewalt über das ganze Geld. Sie mußte ihn um Geld bitten und angeben, wofür es verwendet werden sollte. Dann mochte er nicht, daß das Radio den ganzen Tag plärrte.

»Frauen, die dieses Ding den ganzen Tag dudeln lassen, haben nichts im Kopf«, sagte er. Dann sah er von hoch oben auf sie herab und bemerkte ruhig und endgültig: »Wenn du wieder mit diesen Männern gehst, töte ich dich.«

Er sagte das so gleichgültig und ruhig, als ob er niemals wirklich erwartete, daß seine Autorität und Überlegenheit angezweifelt werden könnten. Sie hatte nicht das geistige Rüstzeug, um zu analysieren, was sie getroffen hatte, aber etwas schien ihr einen fürchterlichen Schlag auf den Hinterkopf zu versetzen. Sie gab auf der Stelle unter dem Schlag nach und fiel in sich zusammen. An der Oberfläche war der tägliche Trott des Dorflebens in seiner gleichmäßigen, ununterbrochenen Einförmigkeit todlangweilig; ein Tag war wie der andere – Wasser schöpfen, Mais stampfen, Essen kochen. Doch im Inneren fand ein ungeheures Zerren und Ziehen zwischen den Leuten statt. Der Brauch verlangte, daß sich die Leute umeinander kümmerten, und den ganzen Tag wogte dieses ständige Kommen und Gehen von Leuten, die gegenseitig Anteil an ihrem Leben nahmen. Jemand mußte begraben werden. Dieses Ereignis erforderte Anteilnahme und Unterstützung – da waren Darlehen, neugeborene Kinder, Kummer, Ärger und Geschenke. Lesego war schon seit langem der König dieser Welt. Jeden Tag kam eine endlose Reihe von Leuten, die etwas von ihm wollten oder ihm aus Dankbarkeit für erwiesene Gefälligkeit etwas schenken wollten. Das war die starke Grundlage des Dorflebens. Es brachte Menschen hervor, deren gefühlsbetonte und anteilnehmende Reaktionen stets ganz lebendig waren, und es belohnte sie, indem es eine Leere reich ausfüllte, die sonst ein einziges langes Gähnen gewesen wäre. Als ihr Hysterie und Zügellosigkeit genommen waren, überkam Life das Gähnen. In ihr war nichts, um mit diesem Leben fertigzuwerden, das sie schließlich eingeholt hatte. Die Bierbrauerinnen waren noch da; sie kamen immer noch gern in ihren Innenhof, weil Lesego zwanglos und lässig war, und alles, was jetzt darin vorging – wie zum Beispiel die alten Männer, die mit Geschenken in Ecken hockten: »Lesego, ich habe heute Glück bei der

Jagd gehabt. Ich habe zwei Kaninchen gefangen und möchte eines mit dir teilen...« – war einfach die Art und Weise, wie man in Tswana lebte, und die war auch die ihre. Im Einklang mit der neuen Stellung ihrer Königin sagten sie:

»Wir sind Frauen und müssen etwas tun.«

Sie sammelten Erde und Dung und schmückten Lifes Innenhof. Sie schöpften Wasser für sie, stampften ihren Mais, und oberflächlich betrachtet sah alles ganz alltäglich aus, weil auch Lesego gerne einen Topf Bier trank.

Niemand bemerkte den qualvollen Ausdruck, der sich in Lifes Gesicht geschlichen hatte. Unter der Langeweile des täglichen Trotts erstickte sie fast zu Tode, und wohin sie auch immer sah, von den Bierbrauerinnen über ihren Mann zu all den Leuten, die vorbeikamen, fand sie niemanden, dem sie das mitteilen konnte, was inzwischen zu einem wirklichen körperlichen Schmerz geworden war. Nach einem Monat war sie dem Zusammenbruch nahe. Eines Morgens machte sie gegenüber den Bierbrauerinnen eine Bemerkung über ihre seelische Qual: »Ich glaube, ich habe einen Fehler gemacht. Verheiratet zu sein, liegt mir nicht.«

Und sie erwiderten wohlwollend: »Du bist gerade dabei, dich daran zu gewöhnen. Schließlich ist das Leben in Johannesburg ganz anders.«

Die Nachbarn gingen noch weiter. Sie beeindruckte diese Heirat, deren Gelingen sie niemals für möglich gehalten hatten. Sie sagten nun, daß man nie einen Menschen verurteilen sollte, da er sowohl gut als auch schlecht sei, und Lesego hatte eine schlechte Frau in eine gute verwandelt. Das war etwas, das sie nie erlebt hatten. Gerade, als sie dies sagten und zustimmend nickten, fing Sodom und Gomorrah wieder von neuem an. Spät am Abend hatte Lesego die Nachricht erhalten, daß die neugeborenen Kälber auf seiner Viehweide starben, und am nächsten Morgen in der Frühe war er wieder mit seinem Lastwagen fortgefahren.

Die alte, leichtsinnige, wilde Frau in ihr erwachte mit einem riesigen Seufzer der Erleichterung aus einem todesähnlichen Zustand. Das Transistorradio plärrte, es gab wieder Essen in Hülle und Fülle, die Männer und Frauen taumelten völlig betrunken umher. Allein durch ihren Lärm schreckten sie alle unerwünschten Gäste ab, die grimmig den Kopf schüttelten. Wenn Lesego zurückkam, würden sie ihm schon erzählen, daß dies keine Frau für ihn sei.

Drei Tage später kam Lesego unerwartet wieder ins Dorf zurück. Die Kälber waren alle blutarm und mußten zum Tierarzt gebracht werden, um Spritzen zu erhalten. Er fuhr mit seinem Lastwagen quer durchs Dorf, geradewegs zum Lager des Tierarztes. Eine der Bierbrauerinnen sah ihn und eilte aufgeregt zu ihrer Freundin.

»Dein Mann ist zurück«, flüsterte sie ängstlich und nahm Life beiseite.

»Ach«, erwiderte sie ärgerlich. Sie verbannte zwar den Lärm, die Männer und die Getränke, aber ein wilder Zorn trieb sie, aus einem Leben auszubrechen, das ihr wie der Tod erschien. Sie sagte einem der Männer, daß sie ihn um sechs Uhr treffen würde. Ungefähr um fünf Uhr fuhr Lesego mit den Kälbern in den Innenhof ein. Niemand war zur Stelle, um ihn zu begrüßen. Er sprang aus dem Lastwagen, ging auf eine der Hütten zu und stieß die Tür auf. Life saß auf dem Bett. Sie sah schweigend und mürrisch auf. Er war ein wenig überrascht, aber er war in Gedanken noch mit den Kälbern beschäftigt. Er mußte sie für diese Nacht im Innenhof unterbringen.

»Würdest du bitte Tee machen«, sagte er, »ich habe großen Durst.«

»Es ist kein Zucker im Haus«, sagte sie, »ich muß erst welchen holen gehen.«

Irgend etwas irritierte ihn, aber er lief eilig zu den Kälbern zurück, und seine Frau ging aus dem Innenhof hinaus. Lesego hatte gerade die Kälber untergebracht, als ein Nachbar hereinkam. Er war sehr wütend.

»Lesego«, sagte er ohne Umschweife. »Wir haben dir gesagt, du sollst diese Frau nicht heiraten. Wenn du jetzt zum Innenhof von Radithobolo gehst, findest du sie mit ihm im Bett. Geh und überzeug dich selbst, daß du diese schlechte Frau ruhig verlassen kannst.«

Lesego starrte ihn eine Weile ruhig an, dann, gemächlich, als gebe es in seinem Leben keine Hast und kein Durcheinander, ging er zu der Hütte, die sie als Küche benutzten. Da stand eine Dose voll mit Zucker. Er drehte sich um und fand ein Messer in der Ecke, eines der großen, die er zum Kälberschlachten benutzte, und er ließ es in sein Hemd gleiten. Dann ging er langsam zum Innenhof von Radithobolo. Er sah verlassen aus, nur daß die Tür einer der Hütten etwas offenstand und die andere geschlossen war. Er stieß die Tür der verschlossenen Hütte mit dem Fuß auf, und der Mann darin schrie vor Angst auf. Als er Lesego sah, sprang er auf und duckte sich in eine Ecke; mit einer Kopfbewegung bedeutete Lesego dem Mann, er solle den Raum verlassen. Aber Radithobolo rannte nicht sehr weit. Er wollte sein Vergnügen haben, und so drückte er sich in den Schatten der Gummibaumhecke. Er erwartete den üblichen Ehekrach – der wütende Ehemann, der aus vollem Halse schimpft, die Ehefrau, hysterisch in ihren Lügen und ihrer Selbstverteidigung. Aber Lesego verließ den Innenhof und hielt ein riesiges blutbeflecktes Messer in der Hand. Als Radithobolo das Messer sah, fiel er auf der Stelle in tiefer Ohnmacht zu Boden. Ein paar Leute waren auf dem Fußweg, und sie flüchteten beim Anblick dieses Messers in die Gummibaumhecke.

Sehr bald erhob sich ein Wehgeschrei. Die Leute rauften sich die Haare und begannen, in alle Richtungen zu laufen und schrien yo! yo! yo! in ihrem Entsetzen. Es dauerte einige Zeit, bis jemand daran dachte, die Polizei zu rufen. Sie waren so verstört, weil offener und gewalttätiger Mord ein sehr ungewöhnliches Ereignis im Dorfleben war.

Es schien, daß an diesem Abend nur Lesego gefaßt blieb. Er saß ruhig in seinem Innenhof, als die ganze Polizeitruppe hereinstürmte. Sie sahen ihn mit Abscheu an und begannen, ihm heftige Vorwürfe zu machen, weil er so gelassen aussah.

»Du hast einen Menschen getötet und bist dabei so ruhig!« sagten sie zornig. »Dafür wirst du hängen. Es ist ein schweres Verbrechen, einen Menschen zu töten.«

Er wurde nicht gehängt. Er bewahrte diesen ruhigen, gleichmütigen und unbeteiligten Blick bis zum Tage seines Prozesses. Dann sah er zum Richter auf und sagte ruhig: »Nun, die Wahrheit in dieser Angelegenheit ist, ich war gerade von der Viehweide zurückgekehrt. Ich hatte an jenem Abend Ärger mit meinen Kälbern gehabt. Ich kam spät nach Hause, und da ich Durst hatte, bat ich meine Frau, Tee zu machen. Sie sagte, daß kein Zucker im Hause sei und ging fort, um welchen zu kaufen. Mein Nachbar Mathala kam danach herein und sagte, daß meine Frau nicht beim Einkaufen sei, sondern im Innenhof von Radithobolo. Ich dachte mir, ich würde erst einmal nach dem Zucker sehen und fand eine volle Dose in der Küche. Ich war traurig und überrascht, als ich das sah. Dann war es, als erfüllte ein Feuer mein Herz. Ich dachte, wenn sie etwas Schlechtes mit Radithobolo trieb, wie Mathala sagte, wäre es besser, sie zu töten, weil ich eine Frau, die so verdorben ist, einfach nicht verstehen kann...«

Jahrelang hatte Lesego in seiner direkten, einfachen Art über alle Seiten des Lebens ein Urteil gefällt. Der Richter, der ein Weißer war und daher mit den Gebräuchen und Auseinandersetzungen in Tswana nicht vertraut, war von Lesegos Art ebenso beeindruckt wie die Männer im Dorf.

»Hier handelt es sich um ein Verbrechen aus Leidenschaft«, sagte er verständnisvoll. »Deshalb liegen mildernde Umstände vor. Aber es ist trotz allem ein schweres Verbrechen, einen Menschen zu töten, und so verurteile ich dich zu fünf Jahren Gefängnis.«

Lesegos Freund Sianna, der sich um seine Geschäfte kümmern sollte, während er im Gefängnis saß, schüttelte noch immer den Kopf, als er Lesego besuchte. Etwas war ihm bei der ganzen Geschichte nicht klar, so als ob sie von Anfang an geplant gewesen wäre.

»Lesego«, sagte er tiefbekümmert, »warum hast du dieses Hurenstück umgebracht? Du hattest Beine, um fortzugehen. Du hättest fortgehen können. Willst du uns beweisen, daß sich die Flüsse hier niemals treffen? Es gibt gute Frauen und gute Männer, aber sie tun sich selten zusammen. Immer nur dieses Chaos und dieser Unsinn...«

Ein Lied von Jim Reeves war zu jener Zeit sehr populär: That's What Happens When Two Worlds Collide (Das ist, was passiert, wenn zwei Welten aufeinandertreffen). Wenn sie betrunken waren, sangen es die Bierbrauerinnen und fingen an zu weinen. Vielleicht behielten sie das letzte Wort in der ganzen Angelegenheit.

Zauberkraft

Es war eines der schlimmsten Übel der Gesellschaft, und die Menschen, die von ihm befallen wurden, erlitten häufig eine Art Tod-im-Leben. Alles in der Gesellschaft war eine Mischung aus jahrhundertealter Weisheit und Erfahrung, und die Zauberkraft gehörte auch dazu – etwas, das die Leute von ihren Vorfahren übernommen und beibehalten hatten. Ausnahmslos jeder Dorfbewohner glaubte, daß in irgendeiner Phase seines Lebens »etwas« von ihm Besitz ergriffen hatte; seine Tiere waren eingegangen und seine Existenz war vernichtet worden. Die Leute konnten endlos lange darüber reden, und ihre Berichte waren so hieb- und stichfest wie die Gründe, mit denen sie ihren Glauben an Gott oder Jesus Christus untermauerten. Man kommt beinahe zwangsläufig zu dem Schluß, daß eine Sache, an die die ganze Gesellschaft glaubt, aller Wahrscheinlichkeit nach Wirklichkeit wird. Aber im Gegensatz zum Christentum, das den Glauben an einen gütigen, barmherzigen Gott verkündet, dem das Wohlergehen der Menschen am Herzen liegt, hatte diese »dunkle Sache« im Leben des Dorfes nichts Tröstliches an sich. Es war eine durch und durch zerstörerische Kraft, die die Leute auf verschiedenen Ebenen erfuhren. Da in früheren Zeiten Magie oder Zauberkraft bei den Dorfoberhäuptern und Herrschern lag, kann man annehmen, daß diese Kraft ihren Ursprung in einer Machtstruktur hatte, die auf der absoluten Kontrolle über die Menschen beruhte. Im Lauf der Zeit befiel sie die ganze Gesellschaft wie eine hartnäckige, bösartige Krankheit, die schwer zu heilen war. Die politische Unabhängigkeit schien diese Krankheit noch zu begünstigen, denn die Leute meinten nun: »Die Alten sagten immer, du kannst niemanden töten, der nicht mit dir verwandt ist. Bei einem Verwandten weißt du, was du nehmen willst. Aber heutzutage bringen sie einfach jeden um, aus Eifersucht...«

Die Angst, daß irgendetwas Schlimmes einen befallen oder überfallen könnte, war immer gegenwärtig. Und wenn ein gewöhnlicher Dorfbewohner eine neue Hütte baute, rief er, bevor er den Zaun errichtete, den Tswana-Doktor, damit er einen schützenden Zauber und Heilkräuter um den Hof legte. Der Tswana-Doktor wurde beinahe immer gerufen, wenn sich etwas Wichtiges ereignete: Für Kräuter, wenn es galt, den Job zu behalten, wenn jemand heiratete, wenn Kinder geboren wurden, oder wenn jemand eine weite Reise unternahm. Da die Gesellschaft angeblich christlich und aufgeklärt war, erklärten die Leute lachend ihr Verhalten: »Die Baloi machen uns das Leben schwer. Die Baloi sind Menschen mit einem bösen Herzen. Niemand läuft als Baloi gekennzeichnet herum, wir wissen also nicht, wer sie sind. Ich kann zum Beispiel einer deiner besten Freunde sein, ich kann mit dir lachen und scherzen. Aber dann sehe ich, daß du Glück im Leben hast und immer wohlhabender wirst. Ich gehe zu einem Tswana-Doktor und hol mir eine Medizin, mit der ich dich aus dem Weg räume, einfach weil ich so neidisch bin. Die Weißen sind da besser. Sie können zwar auch sehr neidisch sein, aber sie wissen nicht, wie man auf diese Art tötet. Botswana-Leute wissen, wie man das macht. Sie gehen so vor: Eines Tages bittet mich z.B. jemand um vier Löffel Tee, die ich ihm auch gebe, weil ich denke, er braucht sie. Er geht jedoch mit den Blättern zu einem Tswana-Doktor, der ein Zaubermittel daraus macht. Plötzlich geht mein ganzes Leben in die Brüche, Krankheit dringt in meinen Körper ein, und von einem Tag auf den andern bin ich völlig kraftlos. Bevor ich daran sterbe, suche ich auch einen Tswana-Doktor auf. Er wirft die Knochen und sieht sofort, was los ist: Er sagt zu mir: ›Erinnerst du dich, daß du dem und dem vier Löffel Tee gegeben hast? Also, er versucht, dein Leben zu ruinieren.‹ Wenn so das Leben aussieht, haben alle Leute Angst voreinander. Heutzutage scheinen die Leute aber eher zu zögern, einen Tswana-Doktor aufzusuchen, denn sie haben oft den Eindruck, er sei nicht in der Lage, die Baloi auszutreiben, und sie würden ihr Geld umsonst ausgeben. Aber die Baloi sind immer noch ein Problem...«

Und die Menschen machen alles noch komplizierter, indem sie oft auf ihre eigenen Vorstellungen, ihr eigenes Wissen zurückgreifen, um Unterernährung oder Malaria oder eine ganz gewöhnliche Krankheit zu erklären, die in einem Krankenhaus behandelt werden könnte, so daß schließlich alles auf Hexerei zurückgeführt wird. Man könnte aber auch sagen, daß es in der Gesellschaft so etwas wie finstere Mächte gibt. Oder ist es einfach nur das Böse, das im Menschen steckt und das auf irgendeine unerklärliche Weise seine Energien bündeln kann, so daß es schreckliche Pein, ja sogar den Tod anderer Menschen bewirkt?

Mma-Mabele gehörte zu dem Teil des Dorfes, der ganz klar sagte: »Ich weiß, ich kann vergiftet werden und auf diese Weise aus dem Leben scheiden, aber ich kann nicht verhext werden. Das glaube ich einfach nicht.« Sie kamen alle aus Familien, die das Christentum ganz angenommen hatten und regelmäßig zur Kirche gingen; als das Krankenhaus im Dorf eingerichtet wurde, ließen sie sich dort behandeln und verzichteten auf den Tswana-Doktor. All das bewirkte eine Art geistiger Distanz, die sie in die Lage versetzte, zwischen wahr und unwahr zu unterscheiden, wenn es sich um alltägliche Dinge handelte; es schützte sie jedoch nicht vor merkwürdigen, gegen ihre Person gerichteten Angriffen.

Von allen Leuten ihres Viertels führte Mma-Mabele ein besonders ruhiges, unauffälliges Leben. Sie wurde in einem Jahr geboren, in dem die Getreideernte so reichlich wie noch nie ausgefallen war, und zur Erinnerung an dieses Ereignis wurde sie Mma-Mabele, die Mutter des Getreides, genannt. Die Zufriedenheit und der innere Frieden, den die Menschen empfinden, wenn der Lebensunterhalt für das nächste Jahr gesichert zu sein scheint, waren ein Bestandteil ihrer Person. Ruhig und gelassen bewegte sie sich zwischen den anderen und schien sich nie wegen irgendeiner Sache zu ängstigen oder aufzuregen. Als ihre Eltern und Großeltern noch lebten, hatte sie das von einem bestimmten Rhythmus geprägte Leben der Menschen geführt, die sich von den Früchten der Erde ernähren; als sie jedoch starben, hatte sie sich nicht in der Lage gefühlt, selbst die Felder zu pflügen. Ihr Land lag also brach, da niemand sich darum kümmerte. Ihre Familie bestand jetzt nur noch aus ihrer Schwester Maggie, deren unehelichem Sohn Banophi, ihr selbst und ihrer unehelichen Tochter Virginiah. Nach dem Tod der älteren Familienmitglieder hatte ihre Schwester Maggie noch ein Jahr lang ihre Stelle als Haushälterin behalten, während Mma-Mabele im Dorf herumging und den Frauen anbot, die täglichen Arbeiten zu erledigen. Dafür erhielt sie ein Essen oder soviel Maismehl, daß sie sich zu Hause selbst etwas kochen konnte. Sie kamen knapp über die Runden, aber an manchen Tagen gab es auch nur Wasser zum Trinken.

Im Lauf der Jahre, nach der Geburt ihres Kindes, hatte sich in Mma-Mabeles Umgebung ein häßlicher Spitzname für sie eingebürgert. Sie wurde *He-man* genannt, womit angedeutet werden sollte, daß mit ihren Genitalien etwas nicht in Ordnung war, daß sie irgendwie durcheinander geraten, eine Mischung aus weiblichen und männlichen waren. Das Gerücht war von ein paar Männern verbreitet worden, die versucht hatten, sich an sie ranzumachen und denen sie mit ruhiger Bestimmtheit eine Abfuhr erteilt hatte. »Ich hab keine Lust mehr, mich vor ihnen auszuziehen«, hatte sie erklärt.

Die Männer machten sich nicht die geringste Mühe, das ruhige ausdrucksvolle Gesicht einer Frau zu betrachten, die vielleicht beleidigt oder verletzt worden war. Der Wert einer Frau bestand in ihrer sexuellen Potenz, darüberhinaus gab es nichts. Mma-Mabele war mit dem Mann, von dem sie ihr Kind bekommen hatte, verlobt gewesen. Zumindest hatte er, als sie noch nicht schwanger war, vom Heiraten gesprochen. Danach wurde das Thema jedoch nicht mehr erwähnt, und als es schließlich offensichtlich war, daß sie ein Baby erwartete, verschwand er einfach aus dem Dorf. Mehr war von Männern nicht zu lernen, die sich rühmten: »Wir haben an jedem Finger eine, eins-zwei-drei-vier-fünf!« Das Wissen, daß ein Mann und eine Frau zusammengehörten, daß sie durch die Bande der Familie zusammengehalten wurden, ließ sich durch nichts ersetzen. Sich einer Frau gegenüber zu sehen, die nicht wie sie darauf bedacht war, nur ihre Sinne zu befriedigen, nahmen ihr die Männer ganz besonders übel, einfach weil es so ungewöhnlich war. Deshalb verbreiteten sie den Spitznamen *He-man* für Mma-Mabele. Aber ihre Einsicht, daß etwas im Leben verkehrt war und ihre Fähigkeit, Trauer zu empfinden und dieselben Fehler nicht wieder zu begehen, waren alles, was zwischen ihr und dem Unglück stand, das bald ihr Leben in seinen Strudel reißen würde.

Gegen Ende des Jahres, das so hart für sie gewesen war, fand Mma-Mabele eine Stelle als Haushälterin bei einer besonders guten Dienstherrin, die von ihrer ruhigen, respektvollen Art und ihrer Fähigkeit, hart und gewissenhaft zu arbeiten, sehr beeindruckt war. Und am Ende desMonats kam Mma-Mabele mit Schätzen beladen nach Hause – mit mehreren getragenen Baumwollkleidern, einem Paar Schuhe und doppelt so viel Geld wie ihre Schwester Maggie. Die beiden Schwestern kochten Tee, und als die Dunkelheit hereinbrach, saßen sie draußen im Freien mit dem Rücken gegen die Lehmwand ihrer Hütte und warfen alles Geld, das sie verdient hatten, in Mma-Mabeles Schoß. Zusammen ergab es ein Vermögen, zumindest nach den Maßstäben des Dorfes: Fünf Rand hatte Maggie und zehn Mma-Mabele beigesteuert. Von Mma-Mabeles Gehalt allein ließ sich schon die ganze Familie einen Monat lang ernähren. Mit leicht geneigtem Kopf und konzentrierter, nachdenklicher Miene rechnete sie ihr Budget für den nächsten Monat aus.

»Ich denke, wir sollten uns zuerst einen halben Sack Getreide kaufen«, sagte sie. »Das reicht dann zwei Monate, und wir haben Zeit, uns ein bißchen zu erholen...«

Maggie nickte zustimmend mit dem Kopf. Getreide oder Mabele reichte sehr viel länger als ein halber Sack Mealie, denn das Getreide wurde, wenn es gestampft war, in zwei Haufen geteilt; der eine bestand aus gröberem und der andere aus feinerem Mehl. Das gröbere wurde erst einmal zehn Minuten lang gekocht und dann wurde das feingemahlene Mehl dazugegeben. Auf diese Art und Weise schwoll der Porridge beträchtlich an.

»Wenn ich für sechs Rand einen Sack Getreide gekauft habe«, fuhr Mma-Mabele fort, »würde ich gerne noch einen Sack Mehl zum Brotbacken kaufen und Ol für Fettgebackenes, damit unser Essen etwas abwechslungsreicher wird. Danach bleiben uns 1.60 für Fleisch für sechzehn Tage. Mein Geld ist damit alle.«

Mit einem Lächeln gab sie Maggie die fünf Rand zurück.

»Ich nehme an, du wirst es für Kleidung brauchen«, sagte sie. »Banophis Schulhemden sind völlig zerlumpt, und ein Kleid für Virginiah kostet nur sechzig Cent. Es bleibt dir also immer noch was; du kannst dir auch ein Kleid kaufen, wenn du Lust hast. Ich brauche im Augenblick nichts Neues.«

Als Maggie die fünf Rand in ihre Tasche steckte, fügte Mma-Mabele sehnsüchtig hinzu: »Wenn ich diesen Job behalte, können wir vielleicht was aus unserem Leben machen. Vielleicht können wir etwas Geld auf die Seite legen.«

Das Abendessen war sehr üppig an jenem Tag: Teller voller Porridge und Kutteln, das Fett der Eingeweide in einer dicken Schicht über dem Porridge, und danach ging die ganze Familie zufrieden zu Bett. Am nächsten Morgen fing dann diese seltsame Geschichte an.

Sie saßen wieder draußen und aßen leichten, weichen Porridge zum Frühstück, als der kleine Junge Banophi plötzlich ganz gebannt auf Mma-Mabeles Kopf starrte. Schließlich bemerkte er:

»Warum hast du dir denn die Haare rausgeschnitten, Tante?«

Mma-Mabele, die gerade einen Löffel Porridge zum Mund führte, hielt überrascht inne:

»Aber ich hab mir keine Haare rausgeschnitten, Banophi«, sagte sie.

»Hast du doch, Tante«, sagte er. »Da, auf der Seite, ist eine ganz kahle Stelle.«

Alarmiert hob Mma-Mabele die Hand zur rechten Seite ihres Kopfes hoch, und mit Fingern, die plötzlich zu zittern anfingen, befühlte sie die glatte, kahle Stelle. Ihre Finger zuckten erschrocken zurück. Aber praktisch und entschieden wie sie war, stand sie auf und untersuchte ihre beinahe leere Hütte. Die Schlafmatten lagen ordentlich gefaltet in einer Ecke; ein Aluminiumkoffer mit ihren Kleidern stand in einer anderen. Sie bückte sich und suchte auf dem Boden nach irgendwelchen Spuren von abgeschnittenem Haar. Nichts war zu sehen. Kein Wesen aus Fleisch und Blut konnte über Nacht in ihre Hütte gekommen sein; sie hatte am Morgen selbst noch den Riegel von innen zurückgeschoben. Einen Augenblick lang stützte sie sich mit einer Hand an der Lehmwand der Hütte ab, beinahe ohnmächtig vor Angst. Nach den Überlieferungen des Dorfes konnte es nur eines gewesen sein – die Baloi. Um sich von der gräßlichen, unbekannten Gegenwart zu befreien, die während der Nacht in ihr Leben eingedrungen war, ging sie einem Impuls folgend zu ihrer Schwester zurück, die immer noch neben dem Feuer saß und ihren Porridge aß und sagte: »Maggie, du mußt mir die Haare schneiden, bevor ich zur Arbeit gehe. So kann ich nicht rumlaufen.«

»Was kann das nur sein?« fragte Maggie erschrocken.

»Ich glaube, es sind die Baloi, die mich heimgesucht haben«, sagte Mma-Mabele beinahe in demselben neutralen Ton, in dem sie am Abend zuvor über ihr Budget gesprochen hatte.

»Du solltest zu dem Propheten der Kirche gehen, oder ich kann mit Lekena sprechen. Lekena kennt sich in solchen Dingen aus. Sie können uns vielleicht helfen«, sagte Maggie.

»Beide, der Prophet und Lekena, wollen nur Geld«, erwiderte Mma-Mabele gereizt. »Und woher soll ich es nehmen? Wir sind arm. Außerdem glaube ich nicht an sie. Wir müssen also selbst damit fertig werden.« Maggie schwieg, da sie die Jüngere war. Mma-Mabele trug die Verantwortung für den Haushalt, und ihre Einschätzung der Menschen und des Lebens war immer sehr vernünftig und wohlwollend. Gehorsam schnitt ihr Maggie die Haare ab, und dann verließen beide das Haus, um arbeiten zu gehen. Es war ein Samstagmorgen, und die Kinder, die an diesem Tag nicht in der Schule waren, verbreiteten die Geschichte von dem Haar, das Mma-Mabele auf mysteriöse Art und Weise über Nacht abgeschnitten worden war. Sie kam auch sehr rasch Lekena zu Ohren, dem Tswana- Doktor ihres Viertels, der kaum zwanzig Meter von Mma-Mabele entfernt lebte.

»Eine Kundin für mich«, sagte er sich.

Als Mma-Mabele am späten Nachmittag von der Arbeit zurückkam, fand sie Lekena geduldig wartend in ihrem Hof vor. Er grüßte sie mit dem unverhohlenen Interesse eines Mannes, der sich seiner Sache sicher ist.

»Wie ich sehe, Mma-Mabele«, sagte er überrascht, »hast du dir die Haare abgeschnitten! Und was hast du mit dem abgeschnittenen Haar gemacht?«

»Ich hab's verbrannt«, sagte sie und nahm höflich neben ihm Platz.

»Du hast gut daran getan, die Sache zu vernichten, mit der dir dein Feind Schaden zufügen will. Ich muß sagen, ich war wirklich überrascht, als ich heute morgen davon hörte. Ich dachte, wer könnte einer so netten Frau wie Mma-Mabele Schaden zufügen wollen? Sie hat niemandem was getan. Ich muß ihr sofort helfen!«

Mit diesen Worten griff er unter seinen niedrigen Schemel und holte mit einer dramatischen Geste eine Flasche dunkler Medizin hervor.

Mma-Mabele hatte ihn mit einem hilfesuchenden Ausdruck angesehen. Sie war zum erstenmal in ihrem Leben von einem Baloi heimgesucht worden und hatte entsetzliche Angst. Als er ihr aber die Flasche mit der Medizin zeigte, preßte sie die Lippen aufeinander. Er würde fünf Rand dafür haben wollen, und sie war fest entschlossen, ihr Geld zu behalten. »Ich kann die Medizin nicht nehmen, Lekena«, sagte sie, um sich aus der Affäre zu ziehen. »Du weißt genau, daß ich regelmäßig in die Kirche gehe und die Kirche Tswana-Medizin verbietet.«

»Die Kirche weiß auch nicht alles, Mma-Mabele«, sagte er ernst. »Die Sache hat mit Tswana-Brauchtum zu tun, und nur Tswana-Medizin kann dir helfen.«

Wie der ganze Clan von Tswana-Doktoren besaß Lekena sehr viel Mut und Energie. Sie waren wie eine Truppe einfallsreicher Akrobaten, und sie hatten sich und allen anderen die Welt der Erscheinungen ihrer Tradition gemäß erklärt. Sie waren die klügsten Männer der Gesellschaft, und ihre Macht über die Leute war sehr groß. Man brauchte schon einen kühlen, kritischen Verstand, um ihnen auf die Schliche zu kommen, denn trotz der vielen Fehler, die ihnen bei der ärztlichen Behandlung der Menschen unterliefen, hatten sie immer noch großen Zulauf. Ein klarer, kühler Kopf gehörte jedoch zu den Eigenschaften, die Mma-Mabele auszeichneten. Sie hatte abseits gestanden und beobachtet, was Lekena alles falsch machte; manche Fehler waren tödlich gewesen. Lekena behauptete, durch seine Medizin das Gift eines Skorpions unschädlich machen zu können, was seiner Person sehr viel Macht verlieh. Jahrelang schien er auch nur Erfolge zu verbuchen, bis Molefe, ein kleiner Junge aus ihrem Viertel, von einem großen, schwarzen Skorpion gestochen wurde und unter den Händen Lekenas starb. Dasselbe wiederholte sich bei einem Schlangenbiß, den Lekena auch heilen wollte. Mma-Mabele machte sich selbst einen Reim darauf – es mußte giftige und ungiftige Schlangen und Skorpione geben. Lekenas Behandlung war nur erfolgreich, wenn die Schlangen und Skorpione unschädlich waren. Aber was sollte sie nur von dieser kahlen Stelle in ihrem Haar halten?

»Es stimmt schon, Lekena, ich bin ratlos«, sagte sie. »Ich hab so was noch nie erlebt. Mein Haar war wie ein Stückchen Haut fein säuberlich herausgeschnitten.«

»So seltsam ist das gar nicht, Mma-Mabele. Alle wissen, daß du einen gut bezahlten Job hast. Jemand ist einfach neidisch und möchte, daß du deine Stelle verlierst«, sagte er.

Daraufhin preßte sie wieder die Lippen zusammen. Niemand hatte wie sie ein ganzes Jahr lang mit dem Hunger gekämpft. Manchmal war ihr vor Hunger ganz schwindlig und schwarz vor den Augen geworden. Was auch immer passieren würde, ihren Job wollte sie behalten.

»Ich werfe die Knochen für dich«, sagte Lekena voller Überzeugungskraft. »Die Knochen helfen mir herauszufinden, wer dir übel will. Die Knochen sind auch billiger als die Medizin. Es kostet nur einen Rand.« Mma-Mabele schüttelte langsam den Kopf. Um ihr zu beweisen, daß er ihr gegenüber nur lautere Absichten hatte, legte Lekena die Hand aufs Herz.

»Jeder kann mir ins Herz schauen«, sagte er. »Darin verbirgt sich nichts Böses«, und mit dieser Versicherung verabschiedete er sich.

Und dann erfuhr Mma-Mabele am eigenen Leib, wie schrecklich es war, mit Dingen kämpfen zu müssen, die der dunklen Seite des menschlichen Lebens angehören. Früher hatte sie das alles nur vom Hörensagen gekannt. Geschichten dieser Art endeten jedoch immer gleich – die Betroffenen rührten sich nicht mehr von der Stelle und fingen an, langsam zu zerfallen; sie arbeiteten nicht und unternahmen auch sonst nichts, denn sie glaubten, allein der Versuch, es im Leben zu etwas zu bringen, habe dieses Unglück über sie gebracht. Sie blieben einfach sitzen und warteten auf den Tod. Während früher ihr Leben eine einigermaßen erträgliche Abfolge von Arbeit, Schlaf, müßiger Unterhaltung und Klatsch gewesen war, konfrontierte es sie nun mit einer inneren Welt voller Qual und dumpfer Verzweiflung.

Die Nächte bargen ganz besondere Schrecken. Es fing immer gleich an. Sie sah ein kleines, gelbes Licht, dem undeutliche, dunkle Schatten folgten, die wie Wasserblasen vor ihr aufstiegen. Dann schien ein Wirbelwind sie mit sich zu reißen und mal hierhin, mal dorthin zu wehen. Am anhaltendsten war jedoch das Gefühl, von einer unsichtbaren Hand gewürgt zu werden. Eines Nachts nahm dann dieser Alptraum eine konkrete Form an. Es war ein ungestaltes Wesen, das mit einem riesigen, deformierten Gesicht auf sie zukam. Sie lag auf der Seite, und das Wesen – es sah wie die groteske Gestalt eines Mannes aus – bückte sich, drückte seine Lippen auf ihre Brust und bohrte ihr Zeigefinger und Daumen in die Stirn. Sie konnte sich nicht bewegen und auch nicht protestieren; sie lag einfach nur da, und ihr Herz klopfte wie wild vor Entsetzen. Es dauerte eine Weile, bis sie wieder zu sich kam und bemerkte, daß sie allein in ihrer dunklen Hütte war. Da sie glaubte, den Teufel oder noch Schlimmeres gesehen zu haben, richtete sie sich am ganzen Körper zitternd auf und flehte: »O mein lieber Herr Jesus, hilf mir!«

Bei diesen Worten hörte sie unmittelbar hinter ihrem Ohr ein unterdrücktes Lachen. Sie tastete im Dunkeln nach Streichhölzern und zündete die kleine Öllampe neben ihrem Bett an. Außer ihr war niemand in der Hütte. Den Rest der Nacht blieb sie aufrecht im Bett sitzen, weil sie nicht wieder einschlafen wollte. Einmal rief sie laut: »O ich Ärmste, was soll nur aus mir werden!«

Am nächsten Morgen spürte sie dann diesen schrecklichen Schmerz. Es war am späten Vormittag; sie war gerade beim Saubermachen, als ihr ein Schlag auf den Kopf versetzt wurde. Er war so heftig, daß sie anfing zu schwanken, ganz langsam von einer Seite zur anderen, und sie klammerte sich am Besenstiel fest, um nicht umzufallen. Der Schmerz war so unerträglich, daß sie die Augen zukniff. Einen Augenblick lang stand sie einfach nur da, und der Schmerz hing wie ein Gewicht in ihrem Kopf, dumpf und schwer, als hätte ein unsichtbarer Ghul seinen Mund auf diese Stelle gepreßt und würde ihr langsam das Gehirn aussaugen. Das wiederholte sich ein paarmal um dieselbe Zeit, bis am dritten Morgen die Frau, bei der sie arbeitete, bemerkte, wie sie mit schmerzverzerrtem Gesicht den Besen umklammert hielt.

»Mma-Mabele, was ist denn los mit dir?« fragte sie.

»Ich glaube, ich bin krank«, antwortete Mma-Mabele voller Angst. Sie mußte es sagen, aber sie wollte auf keinen Fall ihre Stelle verlieren. Aber die Frau wollte auch Mma-Mabele nicht verlieren. Gute Haushälterinnen waren rar, deshalb kam sie ihr so weit entgegen, daß Mma-Mabele sich zwei Tage frei nehmen und im Krankenhaus untersuchen lassen konnte.

Lekena, der Mma-Mabeles Hof nicht aus den Augen ließ, nickte zufrieden mit dem Kopf, als er Mma-Mabele lange vor Feierabend nach Hause kommen sah. Sie ging mit gesenktem Kopf, dumpf vor sich hinbrütend; über ihrer linken Schulter hing ein kleiner Beutel Orangen. Kaum hatte sie den Hof betreten, war er auch schon hinter ihr und rief: »Wie kommt es, daß du schon von deiner Arbeit zurück bist, Mma-Mabele? Ich bin überrascht.«

»Ich bin krank, Lekena«, sagte sie, »ich komme gerade aus dem Krankenhaus.«

»Und was fehlt dir, Mma-Mabele?«

»Der Kopf tut mir weh.« Sie hielt inne und sagte dann mit einem überraschten Unterton: »Der Arzt hat mich untersucht, und er hat gesagt, ich sei gesund. Dann fragte er, was ich essen würde und meinte, zerstampfter Mais und Fleisch seien nicht ausreichend, meine Ernährung sei zu einseitig. Ich sollte versuchen, auch Orangen zu essen. Der Schmerz in meinem Kopf käme vielleicht von der schlechten Ernährung.«

Lekena senkte nachdenklich den Kopf und meinte: »Sie wissen auch nicht alles, Mma-Mabele. Ich hab dir gesagt, daß die Sache was mit Tswana-Bräuchen zu tun hat und daß ich dir helfen kann.« Er warf ihr einen prüfenden Blick zu: »Ich glaube, ich weiß, wer dahintersteckt. Du hältst zwar nichts von Tswana-Medizin, aber du tust mir leid, und ich hab deshalb die Knochen geworfen – kostenlos. Und ich sah, daß Molema die Hand im Spiel hat. Er hat Sachen über dich im Dorf herumerzählt, die ich mich schäme zu wiederholen.«

Sie schaute Lekena mit ihrem ehrlichen, festen Blick in die Augen: »Molema kann mir nichts anhaben«, sagte sie. »Für ihn gibt es nur den Alkohol und das Bett. Meistens ist er irgendwo stockbetrunken umgekippt. Einmal war er ziemlich wütend auf mich, weil ich mich geweigert habe, mich für ihn auszuziehen, und deshalb hat er auch diese Dinge über mich verbreitet. Meine Geschlechtsteile sind ganz normal, aber einer Frau kann übel mitgespielt werden von solchen Typen, deshalb weigerte ich mich auch, es zu tun.«

Lekena, der vor Mma-Mabeles Beredsamkeit nicht die Waffen streckte, sagte: »Ich kann ja noch einmal die Knochen werfen, Mma-Mabele. Und du brauchst mir nichts zu bezahlen. Deine Krankheit liegt mir auf der Seele. Nach Tswana-Brauch...«

Ungeduldig drehte Mma-Mabele den Kopf zur Seite.

»Ich weiß, es gibt Tswana-Brauchtum und christliches Brauchtum, Lekena. Aber alle respektieren das Christentum. Und niemand würde lachen, wenn der Name des Herrn erwähnt wird. Aber diese Erscheinung, die ich sehe, lacht, wenn ich zu dem Herrn bete.«

Das zog Lekena den medizinischen Boden unter den Füßen weg; er war so überrascht, daß er nach Luft schnappte: »Du meinst, dir ist was Neues erschienen, Mma-Mabele? Das hab ich allerdings nicht gewußt. Seit wir unabhängig sind, läßt sich nicht mehr sagen, was noch alles passieren wird.«

Als er gegangen war, setzte sie sich in den Schatten ihrer Hütte und aß langsam ein paar Orangen, aber es half nichts. Sie mußte einfach mit den Schmerzen leben. Nachdem sie das begriffen hatte, nahm sie sich keinen Tag mehr frei. Die Schmerzen ließen alles andere in den Hintergrund treten. Manchmal waren sie wie ein Schlag auf den Kopf, manchmal trafen sie sie direkt ins Herz – es bewegte sich mal da-, mal dorthin. Bald sah das ganze Dorf, daß sie mit dem Tod rang. Sie wurde immer dünner und dünner. Morgens ging sie sehr viel früher aus dem Haus; sie tat ein paar Schritte und setzte sich dann an den Wegrand, um sich auszuruhen. Abends, wenn sie zurückkam, tat sie dasselbe.

Gegen Ende des Jahres fuhr die Familie, bei der sie arbeitete, für einen Monat in Ferien. Die Anstrengung, ihre Arbeit zu behalten, hatten Mma-Mabele bis auf die Knochen abmagern lassen. Ihr Ende schien nahe. Sie legte sich ein paar Tage in ihre Hütte, völlig betäubt und wie tot. Als alle schon mit ihrem Tod rechneten, erholte sie sich plötzlich und entwickelte einen enormen Appetit. Sie hatte ihre Gesundheit wiedererlangt und wurde bald wieder im Dorf beim Wasserholen gesehen. Ihre Bekannten hielten sie an und fragten: »Wie kommt es, daß du nicht mehr krank bist? Hast du einen besonders guten Tswana-Doktor gefunden, der dir geholfen hat, einen für die Reichen?«

Und sie erwiderte verärgert: »Ihr macht mich alle krank! Es gibt keinen, der einem hilft, nicht einmal Gott. Ich konnte nicht einfach die Hände in den Schoß legen, weil ich zu arm bin und niemanden habe, der meinen Kindern was zu essen gibt.«

Es ist einsam dort, wo die Leute ihre Felder bestellen. Die Felder sind riesige Lichtungen im Busch, und der Busch selbst ist auch sehr einsam. Die meisten Felder sind vom Dorf aus zu Fuß erreichbar. An ein paar Stellen im Busch, an denen das Grundwasser nahe an der Oberfläche ist, hatten die Leute kleine Rastplätze eingerichtet und flache Brunnen ausgehoben, um auf dem Weg zu ihren Feldern ihren Durst stillen zu können. Wenn sie einmal das Dorf hinter sich gelassen hatten, gab es viel zu erleben. Sie konnten sich an wundervoll schattigen Bäumen ausruhen, unter denen zarte, blaßgoldene und purpurrote Blüten zwischen dem weichen, grünen Moos hochschossen, und die Kinder konnten nach wilden Feigen und den Beeren suchen, die gerade reif waren. Aber 1958 setzte eine sieben Jahre anhaltende Dürre ein, und selbst die Wasserstellen sahen bald so trostlos aus wie das offene, mit Gestrüpp bewachsene Land; das Laub der Bäume rollte sich zusammen und welkte; das Moos wurde trocken und hart, und der Boden unter den ineinandergewachsenen Bäumen verwandelte sich in schwarzweißes Pulver, weil nie ein Tropfen Regen darauffiel. Die Leute meinten ziemlich humorvoll, daß man gerade einen Teelöffel Regen zusammenkriegen würde, wenn man ihn in einer Tasse auffinge. Als es auf das siebte Jahr zuging, war der Sommer zum Alptraum geworden. Die Luft enthielt nicht die geringste Feuchtigkeit, sie war so trocken, daß sie die Haut verbrannte. Und die Leute wußten nicht, wie sie der Hitze und dem Unheil, das in der Luft lag, entkommen sollten. Zu Beginn des Sommers verließen etliche Männer ihre Familien und erhängten sich an den Bäumen. Die meisten hatten von den Erträgen ihrer Felder gelebt, aber in den letzten beiden Jahren waren sie nur mit ihren zusammengerollten Häuten und dem Kochgeschirr von den Feldern zurückgekommen. Nur die Medizinmänner, die Scharlatane und die Geisterbeschwörer scheffelten Geld, weil die Leute in ihrer Verzweiflung kleine Talismane und Kräuter kauften, mit denen sie ihre Pflüge einrieben, damit die Saat aufgehen und der Regen kommen sollte.

Die Regenzeit setzte sehr spät in diesem Jahr ein. Anfang November fiel der erste Regen, der noch Anlaß zum Hoffen gab. Es waren jedoch nicht die kräftigen anhaltenden Güsse wie in den guten Jahren, sondern dünne, unzulängliche Sprühregen. Sie machten die Erde weich, und überall schoß das Grün hervor, das die Tiere fressen konnten. Eine Dorfversammlung wurde einberufen, und die Leute wurden aufgefordert, mit dem Pflügen zu beginnen; sie setzten sich in Bewegung, und ganze Familien brachen auf, um ihre Felder zu bestellen.

Die Familie des alten Mannes, Mokgobja, war unter denen, die schon frühmorgens losgezogen waren. Sie besaßen einen Eselkarren, und auf ihm mußten alle Platz finden – Mokgobja, der schon über siebzig Jahre alt war, zwei kleine Mädchen, Neo und Boseyong, ihre Mutter Tiro, eine unverheiratete Schwester, Nesta, und der Vater und Ernährer der Familie, Ramadi, der auch den Karren lenkte. Angespornt von der Aussicht auf Regen befreiten Ramadi und die beiden Frauen das Land von dem dornigen Gestrüpp. Später zäunten sie damit das weite Ackerland ein, um die zukünftige Ernte vor den Ziegen zu schützen, die sie mitgebracht hatten, weil sie die Milch benötigten. Sie säuberten und vertieften den alten Brunnen mit dem schlammigen Wasser, Ramadi spannte zwei Ochsen an und lockerte mit dem Handpflug die Erde, während der leichte Nieselregen niederging.

Das Land war gepflügt und wartete auf die Saat. Nachts wimmelte es nur so von zirpenden Insekten, die in der Erde nach Nahrung suchten. Aber Mitte November verflüchtigte sich plötzlich der Regen – die Regenwolken verzogen sich und ließen einen völlig nackten Himmel zurück. Die Sonne tanzte und flimmerte mit einer unbegreiflichen Grausamkeit am Himmel. Jeden Tag lag eine Dunstschicht über dem Land, während die Sonne den letzten Tropfen Feuchtigkeit aus der Erde sog. Verzweifelt saß die Familie herum und wartete und wartete. Sie waren so voller Hoffnung gewesen; die Ziegen hatten gerade angefangen Milch zu geben, die sie begierig über ihren Brei gegossen hatten, jetzt aßen sie ihn wieder ohne Milch. Der Mais, das Getreide, die Kürbis- und Melonenkerne ließen sich unmöglich in die ausgetrocknete Erde säen. Den ganzen Tag lang saßen sie im Schatten ihrer Hütten und hörten sogar auf, sich Gedanken zu machen, denn der Regen war einfach auf und davon. Nur die beiden Kinder, Neo und Boseyong, waren ganz glücklich in ihrer kleinen Welt. Sie spielten Hausmütterchen, ahmten ihre Mutter nach und plapperten unablässig mit ihren hellen, piepsigen Stimmchen. Ihre Kinder verfertigten sie sich aus Stecken, um die sie alte Lappen wickelten, und sie hielten ihnen Strafpredigten, die denen ihrer Mutter aufs Haar glichen. Den ganzen Tag über hörte man sie schimpfen: »Du dummes Ding, warum mußt du immer die Hälfte von dem Eimer verschütten, wenn ich dich Wasserholen schicke! Du dummes Ding, mußt du jedesmal den Brei anbrennen lassen, wenn du auf den Topf aufpassen sollst!« Und mit strafender Miene versohlten sie ihren Flickenpuppen das Hinterteil.

Die Erwachsenen beachteten sie überhaupt nicht; sie hörten nicht einmal ihr komisches Geplapper; sie saßen einfach nur da und warteten auf den Regen. Ihre Nerven waren zum Zerreißen gespannt, so sehr konzentrierten sie sich darauf, den Regen vom Himmel zu beschwören. Das war das einzige, was zählte. Die Tiere hatten sie samt und sonders während der schlechten Jahre verkaufen müssen, um sich Lebensmittel zu besorgen; von der ganzen Herde waren nur zwei Ziegen übriggeblieben. Es waren die Frauen, die schließlich unter dem Druck des Wartens auf den Regen zusammenbrachen. Im Grunde waren es also die beiden Frauen, die den Tod der kleinen Mädchen herbeigeführt hatten. Jede Nacht stießen sie dieses seltsame, schrille Geheul aus, das tief und klagend begann und sich dann bis zur Raserei steigerte. Sie stampften dabei mit den Füßen und schrien, als hätten sie den Verstand verloren. Die Männer blieben ganz ruhig und beherrscht; es war wichtig für sie, ihre Selbstbeherrschung nicht zu verlieren, aber ihre Nerven waren auch zum Zerreißen gespannt. Sie wußten, daß die Frauen Angst hatten, im nächsten Jahr zu verhungern.

Schließlich wurden in dem alten Mann Mokgobja Erinnerungen an alte, längst vergessene Dinge wach. Als er noch sehr jung war, und die alten Traditionen das Land beherrschten, hatte er einmal einer Zeremonie beigewohnt, bei der der Regen vom Himmel geholt worden war. Und er wurde etwas lebendiger, während er angestrengt versuchte, sich an die Details zu erinnern, die unter all den Jahren christlicher Gebete begraben lagen. Als sich der Nebel etwas lichtete, fing er an, mit leiser, flüsternder Stimme mit Ramadi, seinem jüngsten Sohn, zu beratschlagen. Es gab da, sagte er, einen Regengott, dem nur Kinder als Opfer dargebracht werden könnten. Dann würde er es regnen lassen, dann würde auf den Feldern die Saat sprießen. Er erklärte das Ritual, und während er sprach, wurde seine Erinnerung zur Überzeugung, und er sprach mit einer Autorität, die unanfechtbar erschien. Das nächtliche Geheul der Frauen hatte Ramadi an den Rand des Wahnsinns getrieben, und die beiden Männer flüsterten kurz darauf auch mit den beiden Frauen. Die Kinder ließen sich bei ihren Spielen nicht stören: »Du dummes Ding! Auf dem Weg zum Laden das Geld zu verlieren! Du warst bestimmt spielen.«

Als alles vorbei war und die Leichen der beiden Mädchen auf den Feldern verstreut lagen, fiel immer noch kein Regen. Statt dessen herrschte nachts Totenstille und tagsüber diese erbarmungslose Hitze der Sonne. Ein unsägliches, tiefes Grauen bemächtigte sich der ganzen Familie. Sie fingen an zu packken, rollten ihre Häute zusammen, sammelten ihre Töpfe ein und flohen ins Dorf zurück.

Die Leute aus dem Dorf bemerkten sofort, daß die beiden Mädchen fehlten. Sie seien draußen gestorben und sie hätten sie gleich begraben, sagte die Familie. Aber die Leute sahen die verstörten aschgrauen Gesichter, und allerlei Gerüchte kamen in Umlauf. An was die Kinder denn gestorben seien, wollten sie wissen. »Einfach so«, erwiderte die Familie. Und die Leute fragten sich, wie beide zur gleichen Zeit sterben konnten. Das verstörte Aussehen der Familie bewirkte ein allgemeines Unbehagen. Kurz darauf erschien auch die Polizei. Die Familie erzählte ihr dieselbe Geschichte von dem Tod der Kinder und ihrer Bestattung auf den Feldern. Sie konnte aber nicht sagen, woran sie gestorben waren. Die Polizei wollte daraufhin die Gräber sehen. Die Mutter der beiden Kinder brach zusammen und gestand alles.

Den ganzen schrecklichen Sommer über hing die Geschichte dieser beiden Kinder wie eine dunkle Wolke über dem Dorf, und daran änderte sich auch nichts, als der alte Mann und

Ramadi wegen Ritualmordes zum Tode verurteilt wurden. In den Gesetzbüchern stand, daß Ritualmord gegen das Gesetz sei und mit dem Tod bestraft werden müsse. Der Druck und die Angst vor dem Hungertod wurden vor Gericht nicht berücksichtigt, aber alle, die von ihren Feldern lebten, wußten in ihrem Herzen, daß sie nur um Haaresbreite dem Schicksal dieser Familie entgangen waren. Auch sie hätten töten können, um den Regen fallen zu lassen.

Kgotla

Es verging kein Tag ohne Neuigkeiten, und am frühen Morgen schlurften die alten Männer, mit ihren Spazierstöcken leicht auf den Boden klopfend, zum zentralen Kgotla des Dorfes. Zwei regelmäßige Kgotla-Besucher, Kelapile und Thatayarona, trafen sich, als sie gerade die große halbkreisförmige Holzeinfriedung des Kgotla betreten wollten. Jeder griff sich mit der linken Hand einen niedrigen Kgotla-Holzschemel. Beide waren in ihre schweren Mäntel gehüllt, da die Luft kühl war. Kelapile war schon vom Alter gebeugt und ein wenig zerstreut. Thatayarona war dünn, von aufrechter Gestalt, hatte immer noch einen federnden Gang und eine laute, achtunggebietende Stimme, die wie eine dunkle Trommel in seiner Brust klang. Bei Kgotla-Angelegenheiten dominierten sie oft gemeinsam: Kelapile wegen seines listigen Scharfblicks für das Wesen des Menschen und Thatayarona, weil er gerne seine Stimme ertönen ließ. Nachdem sie sich begrüßt hatten, fragte Kelapile:

»Was soll denn heute besprochen werden, Thatayarona? Gestern nachmittag konnte ich nicht zum Kgotla kommen, weil ich mich krank fühlte, deshalb weiß ich nicht, welche Verhandlung für heute ansteht.«

»Wir haben gehört, daß es eine Ankündigung der Regierung über eine neue Art der Steuereintreibung geben soll«, brummte Thatayarona, »aber ich bezweifle, daß das heute möglich ist, weil noch nicht alle Chiefs benachrichtigt worden sind, daß sie zum Kgotla kommen sollen. Diese Neuigkeit kam erst gestern am späten Nachmittag heraus. Es kann also durchaus sein, daß die Ankündigung erst in ein oder zwei Tagen gemacht wird.«

Sie stellten ihre Schemel in der Nähe des Lattenzaunes ab, und die beiden Männer saßen eine Weile gedankenverloren da. Beim Kgotla lief alles gemächlich ab, weil der zuständige Dorfoberste schon alt und leidend war und man ihm zugestand, seinen Pflichten nachzukommen, wann er es für richtig hielt.

Hinter dem Kgotla war ein Verwaltungsblock zur Modernisierung des Dorflebens errichtet worden. Dort wurde viel Aufhebens gemacht um Schulen, Bohrlöcher, Straßen, Erschließungen und Fortschritt. Energiegeladene junge Angestellte eilten von einer Abteilung zur anderen, die Hände voller bürokratischer Papierberge. Sie hatten keine Zeit, dem Zwitschern der Vögel in den alten schattigen Bäumen zu lauschen, die das Kgotla umstanden, aber die beiden Welten lebten Seite an Seite dahin, und die bürokratische Welt verschlang immer schneller die Tätigkeiten der alten, weitschweifigen Kgotla-Welt. Sie hatten vom Dorfoberhaupt die Aufgaben der Landzuweisung, der Wasserrechte und anderes übernommen; noch nicht übernommen aber hatten sie die menschlichen Angelegenheiten. Das Kgotla war noch immer der Ort der Menschen. Es war das letzte Bollwerk, wo die Menschen ihrem Arger und ihren Streitereien Luft machen konnten. Wo sich über die menschliche Natur nichts Neues mehr sagen ließ – es war schon seit undenkbaren Zeiten alles gesagt worden, und alles war immer wieder nach demselben Muster abgelaufen und hatte sich von Generation zu Generation wiederholt. Hier im Kgotla ging es nicht so sehr darum, die menschlichen Probleme zu lösen, als sie rundherum zu erörtern, sich päpstlich zu gebärden, zu verallgemeinern, Geist, Weisheit, Erfahrungsreichtum oder tiefschürfende Gedanken zur Schau zu stellen. All dies machte die Kgotla-Welt zu einer heiligen Welt, die Rhythmus und Zeit selbst bestimmte, und zwei alte Männer saßen da an diesem frühen Morgen und träumten vor sich hin. Sie rührten sich ein wenig, als eine Gruppe Menschen langsam auf das Kgotla zukam.

Als sie sich näherten, stellten die beiden Männer fest, daß das langsame Tempo der Gruppe auf die Tatsache zurückging, daß sie einen Blinden in ihrer Mitte hatten. Er war sehr groß. Seine Hände hingen steif an den Seiten herunter. Er bewegte sich ohne Hilfe seiner Begleiter, aber er hatte einen seltsamen Gang. Seine Schritte waren laut und schwer, wobei er seine Füße jedes Mal zu hoch vom Boden abhob. Mit weit offenen erstaunten braunen Augen, die nichts sahen, starrte er vor sich hin, und dann und wann verzog er sein Gesicht zu einem engelsgleichen Lächeln und ließ dabei seine weißen Zähne aufblitzen. Die Begleiter des Blinden waren alles Frauen, und sie teilten sich in verschiedene Gruppen auf, als sie sich auf dem

Boden niederließen. Eine junge und gutaussehende Frau saß zusammen mit einer alten Frau, deren Kopf dick verbunden war, auf der rechten Seite des Blinden; und eine Gruppe von vier Frauen kauerte gemeinsam zu seiner Linken. Die beiden alten Männer sahen sich diese seltsame Versammlung mit Interesse an und konnten sich nicht erklären, was ihr Problem sein könnte, aber es sah so aus, als ob der Tag interessant werden würde. Kelapile beugte sich zu Thatayarona hinüber und flüsterte: »Frauen puffen und knuffen sich ja andauernd, aber ich möchte doch gerne wissen, wer versucht haben könnte, die alte Mutter umzubringen?« Thatayarona gluckste vor Vergnügen. Er stellte sich vor, wie seine Stimme mit geistreichen Beobachtungen vor der Versammlung ertönen würde. Da kam der alte Chief in seinem Lastwagen an und begab sich geradewegs ins Kgotla. Ein paar Männer im Alter von Kelapile und Thatayarona, die als seine Beisitzer fungierten, erschienen mit ihm und ließen sich auf Schemeln in seiner Nähe nieder. Auch der Häuptling, der sich auf seine alten Tage meistens dazu anschickte, ein Nickerchen zu machen, wenn ihn das Verfahren langweilte, sah sich die Zusammenkunft mit Interesse an.

»Ich glaube, dieser Fall kommt aus dem Bezirk Goo-ra-mere«, begann er forsch. »Ich habe dazu einen Bericht von Chief Serekete erhalten, der sagt, der Fall sei so kompliziert, daß er nicht wisse, wo man anfangen solle.« Er machte eine Pause und fragte: »Wer ist der Ankläger in diesem Fall?«

»Das bin ich«, sagte die gutaussehende junge Frau leise.

»Dann sprich, laß uns hören, was du zu sagen hast.«

»Es ist vier Jahre her, daß mein Mann hier, Gobosamang, nach Bulawayo kam, um die Blindenschule zu besuchen. Ich war als Helferin in der Schule tätig. Mir gefiel sein Wesen damals, und als er mir einen Heiratsantrag machte, nahm ich ihn an. Während des Jahres, in dem wir zusammen in meinem Lande lebten, waren wir glücklich, und wir führten eine gute Ehe. Es war die Idee meines Mannes, in sein Land zurückzukehren, aber seitdem ist mit unserer Ehe nichts mehr richtig gelaufen. Es ist das erste Mal, daß ich solchen Neid und solche Gehässigkeit, wie es sie in diesem Dorfe gibt, erlebt habe, und die Menschen hier empfinden weder Liebe noch Achtung für eine Fremde. Mein Name ist Rose, aber ich hörte nur, wie man von mir als von ›dieser Sindebele-Frau‹ spricht. Nicht lange nach unserer Ankunft mußte ich feststellen, daß die Menschen meinem Mann Gift gegen mich eingegeben hatten. Sie hatten ihm erzählt, ich hätte Liebhaber hinter seinem Rücken, und es verging kein Tag, an dem er sich nicht mit mir darüber stritt. Was hilft es zu sagen: ›Die Worte jener Menschen sind nicht die Wahrheit.‹ Er kann nicht sehen und ist von all dem Gift abhängig, das von anderen in seine Ohren geträufelt wird. Drei Jahre lang habe ich im Elend gelebt, und es kam der Tag, an dem ich diesen Hader nicht mehr ertragen konnte. Ich dachte: ›Die Eifersucht der anderen verbrennt meinen Rücken, als sei er mit glühenden Kohlen bedeckt. Ich werde zu meiner Familie zurückgehen.‹ Ich kehrte zu meiner Familie zurück, aber sie war damit nicht einverstanden, weil Gobosamang, dem Brauch gemäß, meiner Familie Vieh übergeben hatte, als wir heirateten. Sie fürchteten, die Geschenke zurückgeben zu müssen. Deshalb waren sie über mein Wiedererscheinen nicht erfreut. ›O nein‹, sagten sie, ›kehre zu deinem Mann zurück. Solche Eifersucht ist ganz natürlich. Schließlich bist du ja eine schöne Frau.‹ Aber ich blieb drei Monate dort, um meinen Seelenfrieden zu finden. Bei meiner Rückkehr stellte ich fest, daß eine andere Frau von meinem Hof und meinem Mann Besitz ergriffen hatte. Sie war vor kurzem ihres Ehemannes beraubt worden und hatte sich beeilt, einen neuen zu finden. Sie behauptet, sie habe Gobosamang all ihr Geld und ihre weltlichen Güter angeboten, die er schon aufgezehrt hat, und verlangt Geld und Güter zurück. Einige Tage lang wollte sie nicht vom Hof gehen, und erst, als sie Gobosamangs Mutter tätlich angegriffen hatte, hat er sie mit Gewalt entfernt.«

Der Oberste und seine Beisitzer nahmen diese einfache und freimütige Aussage der Frau Rose mit verständnisvollem Nikken auf, aber es war wesentlich, alle Winkel des Falles zu beleuchten, ehe Bemerkungen dazu gemacht werden konnten.

»Wir haben dich angehört, Rose«, sagte der Vorsitzende, der sich schon tief in die Angelegenheit verstrickt fühlte. Er wandte seine Aufmerksamkeit der alten Frau mit dem dick verbundenen Kopf zu: »Nun sage uns, Mutter, was du zu sagen hast.«

»Ich bin Galebee Lentswe, die Mutter dieses Gobosamang

hier«, begann sie. »Mein Sohn hat sich all diese Schwierigkeiten bei vollem Bewußtsein selbst eingebrockt, so daß ich wenig Mitleid für ihn empfinde. Er verließ sein Zuhause für einige Zeit und kam mit einer guten und schönen Frau zurück. Das war etwas, was niemand erwartet hatte, da er ja blind ist. Die Heirat erfüllte jedermann mit Staunen, und immer wieder fiel die Bemerkung, daß Gobosamang wahrhaftig Glück gehabt habe. Dann bemerkte ich, daß gerade dieses große Glück meinen Sohn zum Wahnsinn getrieben hatte. Er fand keine Ruhe, wenn seine Frau nicht in der Nähe war. ›Mutter, stimmt es denn nicht, daß meine Frau sich in einen anderen Mann verliebt hat? Jedenfalls erzählt man mir das. ‹ Es machte ihn sehr nervös, und ich habe ihn immer beschwichtigt: ›Nein, Gobosamang, sie ist nur zum Brunnen gegangen, Wasser holen, wie alle anderen Frauen auch. Außerdem kann niemand einen anderen Menschen besitzen, du kannst also nicht erwarten, daß deine Frau Tag und Nacht an dich angebunden ist.‹ Aber mit keinem meiner Worte konnte ich ihn von diesem Wahnsinn in seinen Gedanken befreien. Als seine Frau schließlich weglief, war ich erschöpft. Gobosamang war ein paar Tage lang sehr krank. An dem Tag, als ich ihn davon unterrichtete, daß seine Frau weggelaufen sei, fiel er ohnmächtig zu Boden. Ich dachte schon, es sei zu Ende mit ihm, aber nein, nach zwei Tagen stand er auf, ging, ohne ein Wort zu mir zu sagen, vom Hof und kehrte einen Tag später mit dieser Moswagadi-Frau hier, mit Tsietso, zurück. Ich war sehr bestürzt und hatte Angst. Ich ging heimlich zu meinem Sohn und sagte: ›Gobosamang, du kannst nicht einfach eine Moswagadi auf den Hof bringen. Du weißt, es ist kaum drei Monate her, daß ihr Mann verstarb, und nach unseren Gebräuchen solltest du keine Beziehungen zu einer solchen Frau unterhalten. Du kannst daran sterben.‹ Es war, als ob mein Sohn verrückt wäre. Er wollte nichts von dem hören, was ich zu sagen hatte, so hielt ich also meinen Mund und überließ diese unheilvolle Sache ihrem Lauf. Nach drei Monaten kam die Ehefrau zurück. Sie sagte, ihre Familie habe sie gezwungen, zu ihrem rechtmäßigen Ehemann zurückzukehren, und da hatte sie ja nun auch ihren rechtmäßigen Platz als Gobosamangs Frau. Aber meint ihr, wir hätten diese Moswagadi dazu überreden können, zu gehen? Sie wurde in ihrer

Unverschämtheit noch von meinem Sohn unterstützt, der sich dafür entschied, seine Frau bewußt zu ignorieren. Gobosamangs rechtmäßige Frau und ich mußten eine Hütte miteinander teilen, während er weiterhin mit dieser Moswagadi zusammenlebte. Dann geschah neulich folgendes: Gobosamangs Frau wollte Pfannkuchen zum Abendessen machen. Sie bereitete das Mehl und alles vor und merkte dann, daß kein Bratfett im Haus war. Also ging sie in den Laden, um Fett zu kaufen. Bei ihrer Rückkehr mußte sie feststellen, daß die Mehlschüssel in einen Eimer mit Wasser geworfen worden war: ›Wer hat das getan?‹ fragte sie. Die Moswagadi war da und starrte sie an wie eine Schlange. Sie lachte und sagte: ›Ich weiß es ganz bestimmt nicht.‹ Aber ich hatte alles gesehen. Deshalb sagte ich: ›Tsietso, du hast vielleicht gedacht, ich sei hier eingenickt, aber ich habe gesehen, wie du das Mehl in den Wassereimer geschüttet hast. Und ich würde dir raten, mehr auf deine Manieren zu achten und den Mund auf unserem Hof nicht zu weit aufzureißen. Du bist nämlich diejenige, die in Schwierigkeiten ist, nicht Rose.‹ Dies waren friedfertige Worte, aber zu meiner Überraschung hob Tsietso einen dicken Stein auf und schleuderte ihn in Richtung auf meinen Kopf. Er flog knapp vorbei. Damit nicht zufrieden, packte sie meine Ohren und riß heftig daran. Bis heute habe ich noch Kopfschmerzen. Da erklärte sich Gobosamang damit einverstanden, diese Moswagadi vom Hof zu entfernen.«

Schwierigkeiten und Ablehnung brauten sich über dem Kopf des Blinden Gobosamang zusammen, und so verlagerte man die allgemeine Aufmerksamkeit jetzt auf ihn.

»Gobosamang«, sagte der Vorsitzende in verwundertem Ton. »Sage uns, ob all das, was jetzt über dich gesagt wurde, die Wahrheit ist.«

Der Blinde schien seine mißliche Lage sehr zu genießen. Jenes engelgleiche Lächeln flog über sein Gesicht, wobei er seine weißen Zähne aufblitzen ließ.

»Ich habe nichts zu meiner Rechtfertigung zu sagen«, meinte er. »Ich kann erkennen, daß ich in großen Schwierigkeiten bin. Aber bis jetzt ist die Wahrheit gesprochen worden.«

Der Vorsitzende schüttelte langsam den Kopf und zeigte sein Erstaunen darüber, daß ein Blinder und Behinderter wie Gobosamang sein Leben so unmöglich verpfuschen konnte. Als nächstes wandte er seine Aufmerksamkeit der Gruppe der vier zusammengekauerten Frauen zu.

»Ich nehme an, ihr seid aus dem Bezirk Morula, aus dem auch Tsietso kommt«, sagte er. »Chief Serekete erzählte mir, daß dies der Bezirk sei, aus dem Tsietso kommt.«

»Ja, wir kommen aus dem Bezirk Morula«, ergriff eine der Frauen das Wort. »Und wir haben unser Kind Tsietso hierher begleitet, um dafür zu sorgen, daß ihr vor diesem Gericht Gerechtigkeit widerfährt. Sie hat Gobosamang all ihr Geld und ihre weltlichen Güter unter dem falschen Eindruck gegeben, sie würden ein gemeinsames Leben beginnen. Wir waren erstaunt, festzustellen, daß man sie mittellos auf ihren eigenen Hof zurückgeschickt hatte, und wir wollen, daß alles, was sie Gobosamang gegeben hat, zurückgegeben wird.«

»Ich höre, ihr Leute aus dem Bezirk Morula«, sagte der Häuptling. »Tsietso, erzähle uns deine Seite der Geschichte.«

Tsietso, eine hochgewachsene, dünne Frau mit einer lauten und kräftigen Stimme, sah beleidigt zu Boden, als sie zu sprechen begann:

»Ich kümmerte mich um meine eigenen Angelegenheiten, wohlgemerkt, als Gobosamang weinend auf meinen Hof kam. ›Tsietso‹, sagte er, ›du bist die einzige, die meinen Schmerz verstehen kann, weil auch du erst vor kurzem jemanden verloren hast, den du liebtest. Meine Frau ist weg und inzwischen tot. Ich werde sie nie wiedersehen. Laß uns zusammenleben und einander trösten.‹ Darauf sagte ich: ›Gobosamang, du weißt, daß ein Jahr der Trauer vergehen muß, ehe ich gereinigt werden und einen neuen Mann nehmen kann. Ich komme nicht in Frage.‹ Und er sagte: ›Oh, schon viele haben gegen die Gebräuche verstoßen, und es ist ihnen kein Schaden daraus entstanden. An solche Dinge glauben wir nicht mehr.‹ Ich weiß das auch. Es ist eine Tatsache, daß Menschen gegen die Sitte verstoßen haben, die Moswagadi-Zeit einzuhalten, und dennoch weiterleben. Die Schwierigkeit bei Gobosamang besteht darin, daß er ans Herz appelliert. Er ist wie ein kleines Kind, für das man sorgen muß, und als ich ihn so weinen sah, füllte sich mein Herz mit Mitleid, und ich nahm seinen Antrag an und ging mit ihm, um mit ihm zusammenzuleben.«

»Was für Güter waren es denn, die du Gobosamang gegeben hast?« fragte der Vorsitzende.

»Ich hatte dreihundert Rand, die ich Gobosamang gab«, sagte sie. »Sie waren für unser gemeinsames Leben bestimmt. Ich gab Gobosamang das Geld unter der Voraussetzung, daß seine Frau für immer gegangen sei. Er sagte, wir sollten Vieh kaufen und den Hof verschönern. All dies planten wir gemeinsam, als die Frau zurückkehrte.«

»Gobosamang«, fragte der Häuptling, »hast du diese dreihundert Rand noch?«

Der schreckliche Blinde lächelte immer noch: »Wir haben alles aufgezehrt«, sagte er.

»Tsietso vergißt, daß sie vier Kinder hat, und wie sollten wir sie täglich ernähren? Ich habe keine Stelle.«

Man hatte also die wesentlichen Punkte des Falles angehört, und das Gericht konnte sich entspannen und seine Haltung aufmerksamen Zuhörens aufgeben. Jetzt war es an den Beisitzern und am Obersten, ihre Ansichten zu diesem Fall bekanntzugeben. Fast unmittelbar darauf dröhnte Thatayaronas trommelgleiche Stimme über die Versammlung hinweg.

»In diesem Fall gibt es viele tiefgründige Argumente«, sagte er mit wichtiger Miene. »Wir wollen zu dem Argument zurückkehren, das Gobosamangs Frau Rose zum Thema Eifersucht vorgebracht hat. Es scheint fast, als ob die gute Frau unsere Bräuche mißverstanden hat. Es gibt keinen Fremdenhaß. Das Gegenteil ist der Fall. Aus vergangenen Zeiten weiß man genau, daß eine Frau, die von weither kommt, mehr Anziehungskraft besitzt, als eine, die man kennt und die jeden Tag da ist. Wir können den Verlauf der Ereignisse hier erkennen. Die Männer fanden Gefallen an der Fremden und sprachen immer wieder darüber. Das machte die Frauen wild. Sie sagten: ›Nun denn, was hat Gobosamangs Frau, was wir nicht haben?‹ So beschlossen sie, diese glückliche Ehe zu vergiften, weil sie wild vor Eifersucht waren. Es war falsch von Gobosamang, sich Gift anzuhören, aber er scheint ja sowieso ein unvernünftiger Mensch zu sein. So sehe ich die entscheidenden Punkte.«

Um bei den guten Argumenten nicht ausgestochen zu werden, heftete sich Kelapile mit eigenen Beobachtungen seinem Freund schnell an die Fersen.

»Wir hören heute eine andere Seite der alten Geschichte«, sagte er mit seiner tiefweisen Miene. »Schon unsere Vorväter sagten: ›Eifersucht geht vom Auge aus.‹ Heute haben wir erfahren, daß es genauso beschwerlich ist, wenn man keine Augen hat zu sehen. Gobosamang kann all die Liebhaber, die seine Frau angeblich hat, gar nicht sehen, und doch wird er vor Eifersucht auf sie verrückt. Ein Mann mit Verstand würde auf all diese Geschichten lediglich bemerken: ›Nun, ich bin blind. Ich sehe die Liebhaber meiner Frau nicht, warum sollten sie mich also stören?‹ Aber er fühlt sich gestört. Nirgendwo gibt es Frieden, weder für die, die Augen haben, noch für die, die keine haben.«

Nach dieser tiefschürfenden Aussage zum Leben als solchem, meinte einer der bescheideneren Beisitzer demütig: »Wir sollten nicht vergessen, daß die alte Mutter hier tätlich angegriffen wurde, und Tsietso sollte sich dazu erklären, denn das ist ein schweres Vergehen.«

Da brach Tsietso kurz in Tränen aus.

»Gobosamangs Mutter möchte gern wie eine Heilige dastehen«, sagte sie. »Aber sie hat eine gehässige Zunge. Es herrschte nur Elend während der ganzen Zeit, in der ich mit Gobosamang zusammenlebte. Sie strafte mich mit Verachtung. Ich durfte keine der Gerätschaften im Haushalt anrühren und mußte meine eigenen Haushaltsgegenstände mit auf den Hof bringen. Ein Mensch, der gehaßt wird, wird jeden Tag beleidigt, und so entstand in meinem Herzen ein Feuer gegen sie. Als ich sie an den Ohren packte, wußte ich nicht mehr, was ich tat, weil es nur Haß zwischen uns gab ...«

Es war nun Zeit für den Vorsitzenden, das Urteil über den Fall zu sprechen. Er neigte seinen Kopf und sprach, als ob er alle Seiten der anstehenden Sache sehr sorgfältig durchdacht habe.

»Tsietso«, sagte der Vorsitzende, »das Gericht versteht die Verwicklungen dieses Falles sehr wohl, aber du hast der alten Mutter Schmerzen zugefügt. Sie hat Schmerzen erlitten, weil du sie tätlich angegriffen hast, und deswegen verurteile ich dich zu einer Geldstrafe von zwanzig Rand. Nun zu dir, Gobosamang. Ich ordne an, daß du dreihundert Rand zurückgibst, die du von Tsietso angenommen hast. Außerdem sollst du von jetzt an mit deiner eigenen rechtmäßigen Frau in Frieden leben. Die Beschwerden sind zur Sprache gebracht worden und haben unser Verständnis gefunden. Wir betrachten die Sache jetzt also als geregelt.«

Der Blinde sah endlich ein wenig verstört aus.

»Ich habe keinerlei Möglichkeit, Tsietso das Geld zurückzuzahlen, wie man es mir aufgetragen hat«, sagte er ernst. »Ich habe nichts.«

Es herrschte Stille. Jedermann wußte, daß hier der eigentliche Haken lag, und daß man den Fall wohl nie würde lösen können. Dann sprach Rose, die Frau Gobosamangs, sehr ruhig in die Stille hinein:

»Ich kann irgendwo einen Job in einem Büro annehmen, weil ich mich in der Buchhaltung auskenne. Wenn es Tsietso nichts ausmacht, können wir ihr das Geld, das wir ihr schulden, nach und nach zurückzahlen.« Die ganze Versammlung murmelte billigend zu dieser noblen Geste, und das Gericht begann sich aufzulösen. Es war schon bald Mittag. Thatayarona und Kelapile schlurften zusammen davon. Wie sie so dahingingen, nickte Kelapile mehrere Male nachdrücklich mit dem Kopf.

»Ich habe heute ein Wunder erlebt, Thatayarona«, bemerkte er schließlich. »Die Sindebele-Frau erfüllt mich mit Staunen. Du weißt doch ganz genau, daß wir die Fälle im Kgotla nie regeln können, und dieser Fall sah von Anfang an unmöglich aus. Die Vorväter hatten recht, als sie sagten, daß die besten Dinge oft von weither kommen...«

Ein Junge und der Wind

Wie alle Dorfjungen ließ Friedman sich gerne den Wind um die Ohren blasen, aber vielleicht war der Wind, der für ihn wehte, verzaubert und erfüllte die ganze Welt mit Wundern.

Bis sie gewöhnliche, langweilige Männer wurden, die Bier tranken und Kinder machten, waren die Dorfjungen ein ganz besonderer Haufen mit eigenen Gesetzen. Sie waren Könige, die keiner regierte. Von früh bis spät streiften sie ungebunden und frei durch die Gegend, und erst bei Einbruch der Nacht waren sie bereit, nach Hause zu kommen, denn sie fürchteten sich vor den schrecklichen Dingen, die sie in der Dunkelheit überfallen konnten. Anders als die kleinen Mädchen, die gerne bei der Hausarbeit halfen und Wasser holten, erwiesen sich die Jungen nur dann und wann als nützliche Mitglieder eines Haushalts. Wenn die ersten schweren Regenfälle des Sommers niedergingen, huschten kleine dunkle Gestalten, nackt bis auf ihren Lendenschurz, aus dem Dorf in den Busch. Sie wußten, daß der erste Regenguß die Wildkaninchen, Maulwürfe und Stachelschweine in ihren Erdlöchern ertränkt hatte. Wenn sie vor dem Eingang eines Erdlochs hinknieten, sahen sie die kleine Schnauze eines ertrunkenen Tieres herausschauen. Sie wußten, daß es versucht hatte, aus seinem Bau zu fliehen, der von dem plötzlichen Wolkenbruch überflutet worden war, und wenn sie das Tier herauszogen, sagten sie mitleidsvoll:

»Vögel haben mehr Verstand als Kaninchen, Maulwürfe und Stachelschweine. Sie bauen ihre Nester in Bäumen.« Aber sie waren keine leichte Beute, denn ein Junge und sein Hund konnten noch so schnell rennen, ein Wildkaninchen rannte zehnmal schneller; und das Stachelschwein rammte einem seine giftigen Stacheln ins Fleisch, und der Maulwurf blieb dort, wo er sich sicher fühlte – tief unter der Erde. Daher waren die Jungen außerordentlich stolz, wenn sie von solchen Beutezügen nach Hause kamen, die Arme voller toter Tiere, an denen sich ihre Familien viele Tage lang sattessen konnten. Ansonsten lebten die Jungen ganz wie es ihnen paßte, frei wie der Wind und mit ihren eigenen Spielen beschäftigt.

Hin und wieder konnte das Leben einer einzelnen Familie die Phantasie und die Herzen ihrer ganzen Umgebung in Beschlag nehmen: So brachten der Junge Friedman und seine Großmutter Sejosenye die Leute des Ga-Sefete-Molemo-Viertels mehrere Jahre zum Lächeln, zum Lachen und schließlich zum Weinen.

Sie lächelten während Friedmans beiden ersten Phasen. Er kam als kleines Bündel aus dem Krankenhaus zu seiner Großmutter, und die Großmutter hegte und pflegte dieses Bündel mit großer Hingabe und war Tag und Nacht wie eine Glucke um sein Wohlergehen bemüht.

»Sie führt sich so auf«, meinten die Leute, »weil er vielleicht das letzte Kind ist, das sie aufziehen wird. Sejosenye ist alt und wird bald sterben; das Kind ist ein Geschenk, das ihr Herz erwärmt.«

In der Tat waren Sejosenyes Kinder alle schon erwachsen, verheiratet und aus dem Haus. Nur ihre jüngste Tochter war unverheiratet, und Friedman war das Ergebnis einer beiläufigen Bettgeschichte in einer hundert Meilen entfernten Stadt, wo sie einen Job als Stenotypistin hatte. Sie wollte so schnell wie möglich zu ihrem Job zurückkehren und ubergab das Kind ihrer Mutter; damit war der Fall erledigt; sie konnte ihn guten Gewissens vergessen, da er jetzt eine richtige Mutter hatte. Während Sejosenye in Erwartung ihres Bündels das Krankenhaus belagerte, fand ein freundlicher ausländischer Arzt namens Friedman Gefallen an ihrer großmütterlich-gluckenhaften Art. Er machte es sich zur Gewohnheit, bei ihr vorbeizukommen, um sich mit ihr zu unterhalten. Sie vergaß das nie, und als sie ihr Bündel bekam, nannte sie das Baby Friedman.

Sie lächelten über seine zweite Phase, als er, ein kleiner dunkler Schatten, schweigend und ernst hinter der hochgewachsenen Grußmutter herwatschelte; wohin die Großmutter auch ging, Friedman folgte ihr auf dem Fuße. Die meisten Frauen fanden diese Phase, in der die Kinder ihnen ständig am Rockzipfel hingen, langweilig und ermüdend; sie gaben die lästige Klette an eine der jüngeren Töchter weiter und gingen zu Hochzeiten und Bekannte besuchen.

»Warum kannst du deine Handtasche nicht mal daheim lassen, Oma?« sagten sie.

»Ach, er stört mich nicht«, entgegnete Sejosenye.

Und über seine dritte Phase lachten sie. Fast über Nacht verwandelte er sich in eine hochgewachsene, spindelbeinige, anmutige Gazelle mit großen, ernsten Augen. Seine Sprache hatte einen eigentümlichen, melodischen Rhythmus, und wenn er jemanden neckte oder zu Streichen aufgelegt war, bewegte er den Kopf auf seinem langen dünnen Hals hin und her wie eine Kobra. Er wurde zum König der Könige bei den Jungen seiner Nachbarschaft; er hatte die geschicktesten Hände und baute die besten Drahtautos mit Rädern aus Schuhkremdosen. Seine Bewegungen waren geschmeidig, präzise und entschlossen, und für sein Alter wußte er erstaunlich genau, was er wollte. Sie lachten über seine Schlauheit und unerschütterliche Selbstsicherheit, denn er war wie die Großmutter, die auch eine stürmische Jugend hinter sich hatte. Sejosenye hatte in ihren guten Tagen die Entrüstung des ganzen Dorfes herausgefordert, als sie ihr Viertel verließ, um mit einem verheirateten Mann im Ga-Sefete-Molemo-Viertel zusammenzuleben. Sie hatte ihn seiner Frau ausgespannt, und später heiratete sie ihn und bot dem Skandal auf wahrhaft königliche Art die Stirn. Auch im Alter war sie noch eine eindrucksvolle Erscheinung. Sie rauschte hocherhobenen Hauptes durch das Dorf, mit ruhigem, fast ausdruckslosem Gesicht. Im Lauf der Zeit hatte sie mächtige Pobacken bekommen, die im Rhythmus ihrer Schritte auf sich aufmerksam machten. Außerdem stand fest, daß sie eine Frau war, die pflügen konnte, aber in ihrem Fall handelte es sich um eine ganz besondere Begabung. Jedes Jahr, bei Trockenheit, Hagel oder Sonnenschein, zog sie auf ihre Felder. Sie pflügte nicht nur, sondern hegte und pflegte ihre Saat. Und sie blieb, bis das Getreide reif wurde und die Vögel verscheucht werden mußten und bis die Ernte eingebracht und gedroschen war, so daß sie selbst in Dürrejahren mit ganz spärlichen Regenfällen etwas nach Hause brachte. Sie wurde von allen Frauen in der Umgebung beneidet.

»In Sejosenyes Haus gibt es immer etwas Gutes zu essen«, sagten sie. »Sie bestellt ihre Felder und kann sich dann viele Monate lang ausruhen und die Früchte ihrer Arbeit genießen.«

Die Frauen beneideten sie auch um ihren schönen Enkel. Er war etwas Besonderes, und als er in seine Flegelphase kam, verziehen sie ihm Streiche, für die andere Jungen eine kräftige Tracht Prügel bekamen. Die kleinen Jungen waren ein schreckliches Gesindel; sie stahlen den Leuten in einem fort Essen und Geld. Das gehörte zu den Spielen, die sie spielten, für die die Bestohlenen aber wenig Verständnis zeigten. Friedman war der schlimmste Dieb von allen, und sein Name wurde immer häufiger erwähnt, wenn irgendeine Sache herauskam.

»Aber Friedman hat uns gezeigt, wie man das Fenster mit einem Messer und einer Schnur aufkriegt«, heulten die geprügelten Jungen.

»Friedman ist nicht so schlimm wie du«, entgegneten die Eltern unvernünftigerweise, geblendet von dem schönen Geschöpf. Friedman, der zu jener Zeit schon eine wahre Landplage geworden war, führte sich auch so auf, als sei er etwas ganz Besonderes. Dem Verdacht, daß er ein gemeiner Dieb sei, begegnete er mit einem abweisenden, beleidigten, verächtlichen Ausdruck, den sein hübsches Gesicht nun ständig zur Schau trug. Er war nicht irgendein gewöhnlicher Junge aus dem Ga-Sefete-Molemo-Viertel. Er war...

Es war eigentlich ein Zufall, daß die Großmutter ihm all die Heldengeschichten uber die Jäger, Krieger und Gesandten vergangener Zeiten erzählte. Sie war gewöhnlich eine stille, geistesabwesende Frau, die gerne vor sich hin träumte, aber wenn sie abends draußen vor dem Feuer saßen, machte es ihr gelegentlich Spaß, dem Jungen ein kleines Lied vorzusingen. Meistens waren es ziemlich traurige Kirchenlieder, die wohl gleichzeitig als Nachtgebet dienten – sie war eine eifrige Kirchgängerin –, aber manchmal bereicherte sie ihr Repertoire mit einem lustigen alten Liedchen, und während in der Dunkelheit das Feuer zwischen ihnen flackerte, entging es ihr nicht, daß gerade dieses Lied sein besonderes Interesse erweckte. Ein kleines Funkeln erwachte in den Augen des Jungen, und er beugte sich zu ihr vor und lauschte gespannt.

»Welcome, Robinson Crusoe, welcome«, sang sie in klaren, sanften Tönen. »How could you stay so long away, Robinson, how could you do so?« Als sie noch sehr jung war, hatte Sejosenye ungefähr ein Jahr lang die Missionsschule des Dorfes besucht, und aus dieser Zeit stammten eine flüchtige Bekanntschaft mit dem ABC, ein paar englische Brocken, nämlich one, two, three, four, five und das kleine Lied über Robinson Crusoe. Aber damals, als Pflügen und Heiraten ihren gesamten Lebensinhalt ausmachten, brauchten die Mädchen noch keine Schulbildung. Doch Robinson Crusoe lebte als fröhliche, zusammenhanglose Erinnerung an ihre Schultage weiter. Eines Abends beugte sich der Junge nach vorne und fragte:

»Ist das ein Loblied auf Robinson Crusoe, Großmutter?«

»O ja«, entgegnete sie lächelnd.

»Anscheinend mochten die Leute Robinson Crusoe sehr gerne«, bemerkte der Junge. »Hat er große Taten vollbracht?«

»O ja«, sagte sie lächelnd.

»Was für Taten waren das?« fragte der Junge wißbegierig.

»Es heißt, er war ein Jäger am Gweta, wo er ganz allein einen Elefanten tötete«, sagte sie, aus dem Stegreif eine Geschichte erfindend. »Oh, in jenen Tagen konnte kein Mann allein einen Elefanten töten. Ein ganzes Heer von Kriegern war dazu nötig, und jeder Mann mußte dem Elefanten sein Schwert in die Seite stoßen, bevor das Tier starb. Nun, Robinson Crusoe war viele Tage fort, und die Leute machten sich schon Sorgen um ihn: ›Vielleicht hat ein Löwe ihn gefressen‹, sagten sie. ›Er ist ein Einzelgänger und macht gerne verrückte Sachen. Wir würden niemals allein in den Busch gehen, weil wir wissen, daß es zu gefährlich ist.‹ Nun, eines Tages erschien Robinson Crusoe plötzlich in ihrer Mitte, und die Leute konnten sehen, daß er viel zu erzählen hatte. Sie versammelten sich alle um ihn. Er sagte: ›Ich hab für euch alle einen Elefanten erlegt.‹ Die Leute waren verblüfft: ›Robinson!‹ sagten sie. ›Das ist unmöglich! Wie hast du das geschafft? Allein der Gedanke, daß ein Elefant auf unser Dorf zukommen könnte, macht uns Angst!‹ Und Robinson sagte: ›Ja, Leute, es war ein schrecklicher Anblick! Ich stand zu Füßen des Elefanten. Ich war nur eine kleine Ameise und konnte nichts mehr von der Welt sehen. Der Elefant war über mir, und er war so groß, daß sein Kopf den Himmel berührte, und seine Ohren breiteten sich aus wie riesige Flügel. Er war wütend, aber ich blickte nur in sein eines Auge, das vor Wut hin- und herrollte. Was tun? Ich hielt es für das Beste, dieses Auge auszustechen. Ich erhob meinen Speer und schleuderte ihn in das wütende Auge. Leute! Der Speer drang direkt in seinen Kopf. Der Elefant gab keinen Ton mehr von sich und fiel mausetot auf die Seite. Kommt, ich werde euch zeigen, was ich getan habe.‹ Da brachen die Frauen in ein Freudengeheul aus und rannten los, um ihre Körbe zu holen, denn die einen wollten das Fleisch des Elefanten, die anderen das Fett. Die Männer schärften ihre Messer. Sie wollten Schuhe und viele andere Dinge aus der Haut und den Knochen machen. Und so hatte jeder etwas davon, daß Robinson Crusoe eine große Tat vollbracht hatte.«

Der Junge hatte der Geschichte mit glänzenden Augen gelauscht. Als sie zu Ende war, holte er tief Luft.

»Großmutter«, flüsterte er, innerlich bereits in der Rolle des großen Jägers Robinson Crusoe, »eines Tages werde ich auch so sein wie Robinson Crusoe. Ich will ein großer Jäger werden und allen Leuten Fleisch bringen.« Und nach einer kurzen Pause fragte er gespannt: »Und welche anderen großen Taten hat Robinson Crusoe vollbracht?«

»Tsaa!« sagte sie, erschöpft mit der Zunge schnalzend. »Bin ich morgen denn nicht mehr da, daß ich dir gleich *alle* Geschichten auf einmal erzählen muß?«

Obgleich sein Bild von Robinson Crusoe, dem großen Jäger, ihn nicht daran hinderte, auch weiterhin seinen alltäglichen Beschäftigungen nachzugehen, mit Drahtautos zu spielen, auf den Feldern Wildkaninchen zu jagen, auf Bäume zu klettern, um an alte Vogelnester heranzukommen, und dann einen Schreckensschrei auszustoßen, weil das Nest jetzt von einer kleinen Schlange bewohnt wurde, oder schnell wie der Wind mit der Beute seines letzten Diebeszugs davonzurennen – obgleich er also nach außen hin so weiterlebte wie bisher, erweckten die Geschichten große Gefühle in ihm. Wenn Robinson Crusoe sich nicht gerade in tödlichem Nahkampf mit einem Feind im Staub herumwälzte, durchquerte er als der große Abgesandte des Chiefs reißende Flüsse oder wilde Urwälder – doch alles, was er tat, geschah zum Wohl und zum Schutz des Volkes. Eines Tages demonstrierte Friedman sein neu erwachtes Mitgefühl mit allem, was lebte auf seltsame Weise. Nach einem besonders heftigen Gewitter entdeckten die Leute ganze Heerscharen von kleinen Mäusen in ihren Hütten, und sie hatten ihre liebe Not, die

Schädlinge wieder loszuwerden. Sejosenye befahl Friedman, die Mäuse zu töten.

»Aber Großmutter«, protestierte er, »sie haben Zuflucht bei uns gesucht. In dem Unwetter haben sie alle ihr Zuhause verloren. Es ist besser, wenn ich sie in eine Kiste sperre und zurück auf die Felder trage, sobald der Regen vorbei ist.«

Sie lachte verblüfft und verbreitete die Geschichte unter ihren Freundinnen, die gerührt lächelten, um dann zu ihren eigenen Sprößlingen zu sagen: »Friedman ist nicht so schlimm wie ihr.«

Das Leben mit all seinen Verpflichtungen begann schwerer auf Friedmans Schultern zu lasten, als sein vierzehnter Geburtstag sich näherte. Er verbrachte nun weniger Zeit mit kindlichen Spielen. Seine Zuneigung zu seiner Großmutter wuchs, und er hatte das Bedürfnis, ihr in allem behilflich zu sein. Er wünschte sich ein Fahrrad, damit er Einkäufe, Botengänge und was sonst noch alles anfiel, für sie erledigen konnte. Seine Mutter, die in einer weit entfernten Stadt arbeitete, schickte ihm Geld, damit er sich das Fahrrad kaufen konnte. Das Geschenk brachte die Geschichte seines Lebens zu einem jähen Ende.

Zu Beginn der Regenzeit begleitete er seine Großmutter auf ihre Felder, die etwa zwanzig Meilen vor dem Dorf lagen. Er half ihr bei der Aussaat, nachdem der gemietete Traktor die Erde umgepflügt hatte, aber seine Hauptaufgabe bestand darin, für Fleisch zu sorgen. Manchmal aßen sie Vögel, die Friedman in Schlingen gefangen hatte, manchmal aßen sie geröstetes Schildkrötenfleisch oder Wildkaninchen, hungern mußten sie nie, da es genügend Tiere im Busch gab. Als Proviant für ihren Aufenthalt auf den Feldern mußte Sejosenye nur einen Beutel Maismehl und einige Pakete Zucker, Tee und Milchpulver mitnehmen; Fleisch war kein Problem. Mitten in der Erntezeit gingen ihr jedoch Milch, Tee und Zucker aus.

»Friedman«, sagte sie an diesem Abend, »ich wecke dich morgen in aller Frühe. Du mußt ins Dorf fahren und noch ein paar Pakete Zucker, Tee und Milch kaufen.«

Beim ersten Vogelgezwitscher war er schon unterwegs, eine einsame Gestalt, die auf dem Fahrrad durch den Busch fuhr. Gegen neun hatte er das Dorf erreicht, und sein erster Weg führte ihn in das Ga-Sefete-Molemo-Viertel, wo er bei einer Freundin seiner Großmutter haltmachte, die ihm eine Tasse Tee und einen Teller Haferbrei gab. Dann setzte er einen Fuß auf die Pedale und drehte sich noch einmal um, um der Frau mit seinen schönen Gazellenaugen zuzulächeln. Dieses Lächeln sollte sie viele Tage lang vor Augen haben, denn kurz darauf hörte sie laute Schritte, jemand kam auf ihren Hof gerannt, um zu berichten, daß Friedman tot sei.

Er schob das Fahrrad über den gewundenen, sandigen Dorfpfad, erreichte den aufgeschütteten Fahrdamm der Hauptstraße, schwang sich aufs Rad, strampelte hinauf und sah aus dem Augenwinkel einen kleinen grünen Laster auf sich zudonnern. Auf die tollkühne Art aller kleinen Jungen radelte er ihm direkt in den Weg, drehte den Kopf und lächelte den Fahrer herausfordernd an. Der Laster erwischte ihn mit der Kühlerhaube, überrollte das Fahrrad, schleifte den Jungen dreißig Meter weit in irrsinniger Geschwindigkeit mit sich, ließ ihn fallen und kam dann nach weiteren zehn Metern endlich zum Stillstand. Das hübsche Gesicht des Jungen war nur noch ein Fleck auf der Straße, Beine und Arme waren ihm vom Rumpf gerissen worden.

Die Leute von Ga-Sefete-Molemo vergaßen nie die letzten zusammenhängenden Worte, die Sejosenye zur Polizei sagte. Ein paar Männer waren in den Polizeiwagen gestiegen, um zu ihr zu fahren. Sie sahen sie langsam und fragend auf den Wagen zukommen. Sie hörten, wie ein Polizist in neutralem Ton Friedmans Tod verkündete, und dann hörten sie die herzzerreißenden Worte Sejosenyes: »Können Sie diese Worte nicht zurücknehmen?«

Sie wandte sich von ihnen ab, vielleicht um ihre Fassung wiederzuerlangen, vielleicht auch, um die wenigen Habseligkeiten zu holen, die sie mitgebracht hatte. Ihre Beine und Pobacken zitterten, als sie auf ihre Hütte zustolperte. Dann gaben die Beine unter ihr nach, und sie stürzte zu Boden wie ein gefällter Baum.

Die Leute von Ga-Sefete-Molemo beerdigten den Jungen Friedman, aber keiner von ihnen traute sich in die Nähe des Krankenhauses, in dem Sejosenye lag. Die Geschichten, die über das Pflegepersonal zu ihnen drangen, waren einfach zu schrecklich. Es hieß, daß die alte Frau die ganze Zeit sang und lachte und Selbstgespräche führte. Daher fragten sie einander nur: »Hast du Mma-Sejosenye besucht?« – »Ich fürchte, ich bring das nicht fertig. Es würde mir zu weh tun.« Zwei Wochen später beerdigten sie sie.

Wie es im Dorf Brauch war, wurde der Vorfall gründlich besprochen, bis man eine Erklärung gefunden hatte. In diesem zeitlosen, verschlafenen Dorf war die Hauptstraße ein Ort, an dem die Ziegen ihre Jungen säugten oder sich hinlegten, um Mittagsschlaf zu halten. Die Autofahrer hielten entweder an oder wichen ihnen aus. Aber offenbar hatte der Fahrer des Lasters weder Bremsen an seinem Auto, noch einen Führerschein gehabt. Er gehörte zu der neuen Beamtenschicht, deren Löhne seit der Unabhängigkeit unglaublich in die Höhe geschnellt waren. Ihr neuer Status bedingte den Besitz eines Autos; es spielte überhaupt keine Rolle, was für eines, solange es nur ein Auto war, und sie waren stets furchtbar in Eile, so daß sie nicht einmal Zeit fanden, Fahrstunden zu nehmen. Und so sandten Fortschritt, Zivilisation und die Gier nach Statussymbolen ihren ersten Vorboten in das Dorf. Das Ganze sah nach einer ziemlich häßlichen Geschichte aus, in der noch viele Leichen ohne Köpfe auf der Straße liegen würden.

Momentaufnahmen einer Hochzeit

Hochzeitstage begannen immer in der gespenstischen, magischen Stunde der frühen Morgendämmerung, wenn nur ein blasser Streifen Licht über dem Horizont lag. Denjenigen, die schon wach waren, kam es so vor, als brauche die Erde Stunden, um sich an das Tageslicht zu gewöhnen. Die kühle Feuchtigkeit der Nacht stieg langsam in schimmernden Wellen auf, und die Silhouetten der Leute, die zu dieser unmenschlich frühen Stunde auf den Beinen waren, schienen verzerrt. Ihre Gestalten verschwammen im Dunst, und sie wirkten wie Tänzer in Zeitlupe mit fließenden, sich auflösenden Formen. Vier Männer, die Verwandten des Bräutigams Kegoletile, trieben in dem fahlen Licht langsam einen Ochsen zum Hof von Mma-Khudu, wo Neo, die Braut, wohnte. Auf Mma-Khudus Hof herrschte schon reges Treiben, aber für eine Weile hielten die Leute in ihrer Tätigkeit inne und spähten hinaus auf die langsam näherkommenden, verschwommenen Gestalten, um festzustellen, ob dies wirklich die Verwandten des Bräutigams waren. Dann stieß der Ochse, ein ziemlich dummer Geselle, der noch nichts von seinem baldigen Ende als Hochzeitsbraten ahnte, ungerührt sein frühmorgendliches Gähngebrüll aus. Daraufhin erhob sich der melodische Singsang der Frauen und strömte an- und abschwellend durch die Luft wie Wasser, das als klarer Bach über die Steine sprudelt. Ohne ihren Singsang zu unterbrechen, begannen die Frauen, sich hin- und herzuwiegen und im Hochzeitstanz über den Hof zu bewegen; ab und zu beugten sie sich nach vorne und streckten ihre wakkelnden Hintern in die Höhe. Als der Ochse übergeben wurde, scherzte einer der Verwandten des Bräutigams:

»Das wird eine moderne Hochzeit.« Er meinte, daß viele der traditionellen Rituale bei den Hochzeitsvorbereitungen vernachlässigt worden seien: Niemand war die ganze Nacht aufgeblieben, um Diphiri oder das traditionelle Hochzeitsfrühstück, zerstoßenes Fleisch und Maisbrei, zuzubereiten; der Bräutigam meinte, er lege keinen Wert auf eine kirchliche Trauung, da er sowieso keiner Kirche angehöre; die Braut war im sechsten Monat schwanger, was sie weder verbergen konnte noch wollte, und so würde es lediglich eine schnelle Trauung auf dem Polizeirevier geben.

»Jeder nach seiner Fasson«, meinte eine Verwandte der Braut. »Uns soll keiner nachsagen, daß wir nicht mit der Zeit gehen.« Und vergnügt trällernd tanzte sie davon.

Wenn eine Hochzeit bevorstand, fehlte es nie an bösartigem Tratsch, aber dieses Mal ließen die Verwandten der Braut ihren Zungen nur im Familienkreis freien Lauf. Sie waren froh, Neo loszuwerden: Das Mädchen war unerträglich arrogant und hochmütig. In ihrer Familie war sie die einzige, die ihren Schulabschluß gemacht hatte, und das rieb sie den anderen auch bei jeder Gelegenheit unter die Nase. Sie stolzierte mit hocherhobenem Kopf herum und würdigte ihre ungebildeten Verwandten kaum eines Grußes – sie drehte einfach den Kopf zur Seite und lächelte in sich hinein, oder wenn sie einmal grüßte, war es wie eine Beleidigung: Sie streckte die Hand aus und ließ sie dann lachend wieder sinken, mit einer Geste, die besagte: »Ach, du bist's bloß!« Nur ihre Mutter schien von ihrer Bildung beeindruckt. In ihrem Haus wurde Neo von vorne und hinten bedient. Aber auf der Straße machte man abfällige Bemerkungen über sie. Die Leute verabscheuten Dünkel und Stolz.

»Das Mädchen hat keine Manieren!« meinten die Verwandten. »Was nützt die ganze Bildung, wenn sie einem so zu Kopf steigt, daß man die andern nur verachtet? Nee, sie ist einfach unmöglich!«

Dann nickten sie schicksalhaft mit dem Kopf – eines Tages würde sie ganz gewaltig auf die Nase fallen. Bis jetzt hatte das Schicksal es allerdings recht gut gemeint mit Neo. Zehn Monate nach dem Schulabschluß wurde sie von Kegoletile geschwängert. Bald darauf wurde bekannt, daß auch ein anderes Mädchen, Mathata, ein Kind von Kegoletile erwartete. Was die beiden Mädchen unterschied, war, daß Mathata keine Spur von Bildung besaß; die einzige Arbeit, die sie jemals verrichten würde, war die eines Hausmädchens, während Neo unendlich viele Möglichkeiten offenstanden: Stenotypistin, Buchhalterin, Sekretärin. Neo lächelte also nur; Mathata war keine Rivalin. Die Entscheidung schien ein Produkt der Umstände zu sein, denn als die Familien bei der Geburt der Kinder bei Kegoletile zusammentrafen – er besaß eine Menge Rinder, und sie wollten sehen, was sie für sich herausholen konnten, fiel seine Wahl sofort auf Neo. Was Mathata betraf, so erklärte er sich bereit, ihr monatlich zehn Rand Unterhalt zu bezahlen, bis das Kind zwanzig Jahre alt war. Auch Mathata lächelte nur. Mädchen wie sie boten den Annäherungsversuchen von Männern keinen Widerstand; wenn die Männer sich dann davonmachten, ließen sie die Dinge einfach laufen.

»Er nimmt sie natürlich nur wegen ihrer Bildung und nicht wegen ihres Charakters«, erklärten Neos Verwandte, um zu zeigen, daß sie sich keine Illusionen über die menschliche Natur machten. »Er denkt, weil sie genauso gebildet ist wie er, können sie beide gute Jobs kriegen und im Handumdrehen reich werden...«

Trotz seiner Bildung schien Kegoletile während des Jahres, in dem er einen Hof für seine gemeinsame Zukunft mit Neo herrichtete, in einem inneren Zwiespalt zu leben. Einen großen Teil seiner Freizeit verbrachte er auf Mathatas Hof. Sein Verhalten dort war zwar nicht unbedingt alarmierend, aber er überhäufte Mathata mit allen möglichen Geschenken. Jedesmal, wenn er sie besuchte, brachte er ein Geschenk mit – Lekkereien, ein hübsches Kleid, Schuhe, Unterwäsche – und jedesmal brach Mathata in Gelächter aus und meinte: »Ach, Kegoletile, wann soll ich denn diese ganzen Kleider tragen? Das ist doch reine Geldverschwendung! Außerdem komme ich sehr gut mit den zehn Rand aus, die du mir jeden Monat für das Kind gibst...«

Sie war ein bildhübsches Mädchen mit Augen wie Sterne, immer lächelte sie, immer war sie vergnügt, unbefangen und naturlich. Er wußte, daß die Frau, die er heiratete, das genaue Gegenteil war – ein neuer Typ von Mädchen, gekünstelt und mit aufgesetzten Grande-Dame-Allüren. Aber es zahlte sich heutzutage für einen Mann nicht aus, allzu tief in sein Herz hineinzublicken. Alle wollten eine Frau heiraten, die viel Geld ins Haus brachte, da waren sie völlig skrupellos. Und doch war es so, als bewerte die Gemeinschaft jedes ihrer Mitglieder nach einer ganz persönlichen Art von Reichtum, die mit Geld nichts zu tun hatte, für Kegoletile aber viel bedeutete. Er hatte ein einnehmendes Wesen, war stets hilfsbereit und dabei so freundlich und bescheiden, daß er von allen, die ihn kannten, geachtet und geliebt wurde. Damals, als er fast täglich auf Mathatas Hof kam, faßte er seinen inneren Zwiespalt niemals in Worte, sondern saß nur still auf einem Stuhl, die Arme um die Rücklehne geschlungen, den Kopf zur Seite gewandt, und starrte ins Leere. Dann lächelte er, stand auf und ging. Es war alles ganz undramatisch. In dem Jahr, in dem er die Hütten auf seinem neuen Hof errichtete, übernachtete er häufig bei Neo. Die Verwandten der beiden beobachteten, wie Kegoletiles Interesse sich auf zwei Höfe verteilte, und eines Tages, als Neo gönnerhaft in den Hof einer Tante stolzierte, beschloß die Tante, ihr einen kleinen Schrecken einzujagen.

»Na, Tante«, sagte Neo mit jener gleichgültigen Geringschätzung, die ihrem Status als »gebildeter Mensch« entsprach, »willst du mir nicht einen Tee anbieten? Wie geht's denn so?«

Die Tante sagte ganz ruhig:

»Du weißt es vielleicht nicht, mein Kind, aber keiner kann dich ausstehen. Wir fragen uns alle, ob ein netter, junger Mann wie Kegoletile so ein ungezogenes Miststück wie dich heiraten sollte. Er wäre weitaus besser dran, wenn er Mathata heiraten würde, die zwar ungebildet ist, dafür aber Achtung vor ihren Mitmenschen hat.«

Dem blasierten Ding verschlug es die Sprache; sie starrte entsetzt ihre Tante an, dann stand sie auf und rannte aus dem Haus. Das überlegene Lächeln verschwand aus ihrem Gesicht, und sie steckte ein wenig zurück. Von nun an grüßte sie geflissentlich und war ängstlich darauf bedacht, sich Kegoletile als Ehemann zu sichern – aus diesem Grunde wurde sie auch sechs Monate, bevor die Hochzeit stattfinden konnte, schwanger. Ihre Verwandten mochten sie aber immer noch nicht, und selbst am Tag der Hochzeit unterhielten sie sich darüber, ob Neo sich überhaupt als Ehefrau eigne. Davon war freilich inmitten des Trubels auf dem Hof nichts zu merken. Die Gäste strömten fröhlich singend herbei, die Hochzeitsgeschenke auf den Köpfen balancierend. In Schals gehüllt, bildeten die Schwestern von Neos Mutter eine Gruppe für sich in einer Ecke des Hofes. Sie saßen mit ausgestreckten Beinen auf der nackten Erde, aber sie wurden den ganzen Tag lang wie Königinnen bedient. Ständig wurden Tabletts mit Tee und trockenem Weißbrot und Platten mit Fleisch, Reis und Salat vor sie hingestellt. Sie hatten die wichtige Aufgabe, die Braut den Schwestern von Kegoletiles Mutter anzuvertrauen, sobald diese bei Sonnenuntergang auf dem Hof erscheinen würden. Und so saßen sie den ganzen Tag mit ruhigen, ausdruckslosen Gesichtern da, und warteten darauf, dieses alte Ritual zu vollziehen.

Ebenso ruhig und ausdruckslos waren die Gesichter von Kegoletiles Tanten, die in einer langen Reihe vor dem Hof erschienen, als die Sonne unterging. Sie schritten langsam in den Hof, ohne das Singen und die Rufe zu beachten, die sie begrüßten, und ließen sich gegenüber von Neos Tanten nieder. Auf dem Hof wurde es sehr still, als jede Gruppe ihr Anliegen vortrug. Kegoletile trug die Verantwortung für das Hochzeitsmahl, und eine seiner Tanten fragte als erstes:

»Gibt es irgendwelche Klagen? Hat alles geklappt?«

»Wir haben keine Klagen«, entgegnete die andere Partei.

»Wir kommen mit der Bitte um Wasser«, sagte Kegoletiles Seite, was bedeutete, daß die Braut von nun an für die Verwandten ihres Mannes Wasser tragen sollte.

»Der Bitte ist stattgegeben«, entgegnete die andere Partei.

Dann wandten sich Neos Tanten an den Bräutigam und ermahnten ihn: »Sohn, du mußt die Felder bestellen und uns jedes Jahr mit Getreide versorgen.«

Daraufhin wandten sich Kegoletiles Tanten an die Braut und ermahnten sie: »Tochter, du mußt für deinen Mann Wasser tragen, er ist der Herr des Hauses, dem du gehorchen mußt. Nimm es ihm nicht übel, wenn er hin und wieder stehenbleibt, um mit anderen Frauen zu sprechen. Laß ihm die Freiheit, zu kommen und zu gehen, wie es ihm gefällt...«

Nachdem sie diese Formalitäten hinter sich hatten, war es für Kegoletiles Tanten an der Zeit, aufzustehen und singend und sich in den Hüften wiegend über den Hof zu tanzen. So zogen sie in Begleitung von Braut und Bräutigam langsam in Kegoletiles Hof, wo ein weiteres Fest vorbereitet worden war. Als sie auf den Hof zukamen, stürzte eine alte Frau aus dem Haus und fing an, mit einer Hacke die Erde umzugraben. Auch das war nur ein symbolischer Akt. Neo war nicht die Frau, die jemals mit dem Pflug auf die Felder gehen würde. Sie hatte bereits einen gutbezahlten Job als Sekretärin. Als nächstes nahm eine andere alte Frau die Braut bei der Hand und führte sie in einen lehmverputzten und geschmückten Innenhof, in den die traditionelle Tswana-Ledermatte gelegt worden war. Sie mußte sich auf die Matte setzen, und ein Schal und ein Kopftuch wurden vor ihr ausgebreitet. Der Schal wurde ihr feierlich um die Schultern gelegt und das Tuch um den Kopf gebunden – zum Zeichen, daß sie jetzt eine verheiratete Frau war.

Die Gäste traten ruhig und gelassen vor, um die Braut zu begrüßen. Dann begannen zwei Mädchen vor der Braut zu singen und zu tanzen. Als sie sich umdrehten und ihre wakkelnden Hintern in die Höhe streckten, stießen sie zusammen und purzelten auf den Boden. Die Hochzeitsgäste brachen in schallendes Gelächter aus. Neo, die die ganze Zeit starr und steif dagesessen hatte, beugte sich nach vorne und ihre Schultern zuckten vor Lachen.

Die Hacke, die Matte, der Schal und das Tuch, der schöne, flötenartige Singsang der Mädchen schienen an sich schon die Ehe zu segnen, dennoch waren die Gäste tief bewegt, als aus der Menge eine Frau mit hoheitsvoller Haltung langsam auf die Braut zuging. Es war die Tante, die Neo wegen ihrer schlechten Manieren und neumodischen Allüren ausgescholten hatte. Sie kniete vor der Braut nieder, ballte die Fäuste und trommelte mit ihnen auf dem Boden links und rechts von Neos Beinen. Während sie mit den Fäusten trommelte, rief sie:

»Sei ihm eine gute Frau! Sei ihm eine gute Frau!«

Die Auserwählte

Ich war damals noch neu in dem Dorf und arbeitete als Lehrerin an einer Grundschule. Mrs. Maleboge war eine meiner Kolleginnen, eine kleine, untersetzte Frau mit einem tieftraurigen Gesicht, die stets einen Schal und ein weißes Baumwolltuch trug, das sie auf ziemlich unkleidsame Art um ihren Kopf gewickelt hatte; das Tuch verdeckte die ganze Stirn, so daß ihre traurigen schwarzen Augen direkt darunter hervorblickten. Sie bewegte sich sehr langsam, wie ein altes Segelschiff, das von einer gleichmäßigen Brise getrieben wird, und ihre Art zu sprechen war ebenso langsam und gleichmäßig wie ihr Gang. Sobald sie sich etwas mit einem angefreundet hatte, begann sie über die große Tragödie ihres Lebens zu sprechen. Offenbar hatte sie von ihrem Mann eine Rinderherde geerbt, die gerade groß genug war, um ihr einen sorglosen Lebensabend zu sichern. Aber ihre Schwager hatten sie um ihr Erbe betrogen, und so war sie gezwungen, sich auf ihre alten Tage noch eine Anstellung zu suchen, statt sich auszuruhen, wie sie es verdient hätte (sie war sechzig Jahre alt). Sie konnte ungefähr eine Stunde lang dastehen und alle möglichen Einzelheiten des Rechtsstreits mit ihren Schwagern vor einem ausbreiten, um dann plötzlich ins Leere zu starren und zu sagen: »Ich hab verloren, weil in dieser Gesellschaft Frauen nicht mehr gelten als Hunde.« Ich mußte mir ihre Geschichte zweimal von Anfang bis Ende anhören und bemühte mich von da an, ihr möglichst aus dem Weg zu gehen. Es war unmöglich, einfach zu sagen: »Entschuldigen Sie, ich hab's eilig«, denn sie war eine respektgebietende Erscheinung und verlangte, daß man ihren Worten mit der gehörigen Aufmerksamkeit lauschte.

Ihr Gesicht blieb unverändert traurig, als sie eines Tages zu mir sagte: »Sie müssen zu der Tauffeier für mein Enkelkind kommen. Sie findet am Sonntag statt.« Vielleicht meinte sie es gar nicht so und war nur in Gedanken versunken, aber ihr Gesichtsausdruck besagte, daß eine Taufe ebenso traurig sei wie alles andere. Sie erklärte mir noch, wie ich ihr Haus finden würde: »Ich wohne in der Nähe der Kirche. Gehen Sie einfach zur Kirche und fragen Sie jemanden. Die Leute werden Ihnen sagen, wo ich wohne...«

Am Sonntag machte ich mich also auf den Weg, benützte die Kirche als Orientierungspunkt und stand dann ratlos da. Nach allen Richtungen gingen Hunderte von kleinen Trampelpfaden ab, die alle gleich aussahen. Welchen sollte ich nehmen? Plötzlich kam auf dem Pfad, auf dem ich stand, eine Frau auf mich zugelaufen. Sie ging ziemlich schnell, aber ihr Gang war schwankend wie der einer Betrunkenen. Sie war ganz mit sich selbst beschäftigt, denn ihr Blick ging ins Leere, und sie wäre glatt an mir vorbeigelaufen, wenn ich nicht aus einer leichten Verzweiflung heraus gefragt hätte: »Bitte, kennen Sie den Hof von Mrs. Maleboge?«

Die ausholenden, schwankenden Schritte kamen zu einem abrupten Halt; sie drehte sich um und sah mir ins Gesicht.

»Warum wollen Sie wissen, wo Mrs. Maleboge wohnt?« fragte sie.

»Sie hat mich zur Taufe ihres Enkelkindes eingeladen«, entgegnete ich beklommen. Irgend etwas stimmte nicht mit dieser Frau, und sie machte mir ein wenig Angst. Zu meiner Verblüffung holte sie tief Luft und strahlte übers ganze Gesicht.

»Wie kann Mrs. Maleboge nur so vergeßlich sein!« rief sie. »Ich bin ihre beste Freundin, und sie hat mir kein Wort davon gesagt, daß sie ein Fest feiert! Ich gehe auch auf das Fest! Kommen Sie, ich bringe Sie hin. Es ist gleich um die Ecke.«

Das beruhigte mich ein wenig; ich fand es faszinierend, wie sie, offensichtlich auf ein ganz anderes Ziel zusteuernd, nun mit der gleichen Entschlossenheit auf Mrs. Maleboges Fest gehen wollte. Sie trug ein leichtes Chiffontuch, das sie sich mit einem Ruck herunterriß, um es im Rhythmus ihrer Schritte hin- und herzuschwenken wie ein junges Mädchen. Ich schätzte sie auf Ende dreißig, und ihr kurzgeschnittenes, braunes Haar war ordentlich zurückgebürstet, so daß es eng am Kopf anlag. Sie erzählte mir später, daß sie Gaenametse hieß, was wörtlich übersetzt bedeutet: »Es gibt kein Wasser«, im übertragenen Sinn jedoch darauf anspielt, daß ihre Eltern zur Zeit ihrer Geburt keine sehr glückliche Ehe geführt hatten.

Als wir in Mrs. Maleboges Hof traten, war bereits eine große

Anzahl von Gästen versammelt. Die alte Frau eilte uns entgegen. Sie sah etwas heiterer und lebhafter aus als gewöhnlich. Sie nahm meinen Arm und sagte: »Ehrengäste müssen in die Hütte kommen, wo sie gesondert bedient werden. Das ist bei uns so üblich.«

Gaenametse und ich traten in die Hütte, und sobald die Tür geschlossen war, stürzte sich meine Begleiterin auf Mrs. Maleboge und begann sie damit zu necken, daß sie, ihre beste Freundin, zwar keine Einladung bekommen habe, aber dennoch hier sei. Sie waren wirklich sehr gute Freundinnen, die viel miteinander sprachen, denn kaum hatten sie sich gesetzt, nahm Gaenametse das Gespräch genau an dem Punkt wieder auf, an dem sie es bei ihrer letzten Begegnung abgebrochen hatten.

»Er ist wieder zu ihr gegangen!« rief sie. »Ich bin am Ende meiner Weisheit, Mma-Maleboge. Meine Liebe für meinen Mann bringt mich noch um den Verstand. Ich komm einfach nicht von ihm los.«

So tief war ihre Verzweiflung, daß ihr ganzer Körper von Weinkrämpfen geschüttelt wurde. Und ich dachte: Das ist also die Erklärung für ihren eigenartigen Gang. Sie steht kurz vor einem Zusammenbruch.

Mrs. Maleboge sank auf die Knie, schloß die Augen und betete inbrünstig zu Jesus, er solle ihrer Freundin doch helfen. Ich hatte den Eindruck, daß dieses Ritual nicht zum erstenmal stattfand. Die beiden verband eine eindrucksvolle, geistige Konzentration. Gaenametse hatte die Augen nicht geschlossen. Sie starrte Mrs. Maleboge unverwandt ins Gesicht, als erwarte sie, daß ihre Freundin jeden Augenblick mit Jesus in Kontakt treten würde, einen Augenblick, den sie auf keinen Fall verpassen wollte. Die Anstrengung ließ ihre Gesichtszüge schärfer und klarer hervortreten, und ich weiß noch, daß ich mich fragte, warum der unbekannte Mann eine so schöne Frau nicht liebte. Sie wirkte auf mich wie die Verkörperung von Anmut und Vitalität.

Mrs. Maleboges Gebet dauerte gute fünfzehn Minuten. Dann stand sie gelassen auf und kümmerte sich wieder um ihre Pflichten als Gastgeberin der Taufparty. Keine der beiden Frauen schien es zu stören, daß eine Fremde Zeugin ihrer Privatangelegenheiten geworden war. Gaenametse lehnte sich entspannt zurück und freute sich offensichtlich auf die Party. Sie begann freundlich mit mir zu plaudern und fragte mich, wer ich denn sei und woher ich käme. Mrs. Maleboge reichte uns Platten mit Reis, Huhn und Salat. Sie war in meiner Achtung gestiegen. Die Zuneigung, mit der sie ihre unglückliche Freundin behandelte und die rührende, eigentlich sinnlose Art, auf die die beiden Frauen versuchten, mit diesen ewigen Problemen fertig zu werden, bewegten mich tief. Als ich gegen Abend nach Hause ging, begleitete mich Mrs. Maleboge ein Stück, und ihr abschließender Kommentar zu dem Vorfall lautete:

»Gaenametse hat einen sehr schlechten Mann. Er ist ständig hinter andern Frauen her, aber wir hoffen, daß unsere Gebete helfen werden.« Still und traurig blickte sie in die Ferne. Sie mußte nicht hinzufügen, daß Frauen in dieser Gesellschaft nicht mehr galten als Hunde. Das glaubte ich ihr bereits.

Sechs Monate später sah ich Gaenametse langsam die Straße hinuntergehen, in der ich wohnte; zumindest sah ich jemanden, der mir irgendwie bekannt vorkam. Sie hatte das hübsche, leichte Chiffontuch gegen ein weißes Baumwolltuch vertauscht, wie es Mrs. Maleboge trug, und sie hatte es so tief in die Stirn gezogen, daß nur die Augen darunter hervorblickten. Ein Schal lag um ihre Schultern, und das Kleid reichte ihr bis zu den Knöcheln. Sie hatte eine weiße Häkelarbeit in der Hand, und im Gehen bewegte sie die Häkelnadel auf und ab. Sie sah sehr alt aus; sie erkannte mich jedoch früher als ich sie. Mit einer raschen, impulsiven Bewegung drehte sie sich um und lächelte freundlich.

»Ach«, sagte sie, »hier wohnen Sie also.« Und dann kam sie direkt auf meine Tür zu.

Verwirrt machte ich Tee. Ich konnte die wilde, schöne Frau von jenem Sonntag einfach nicht in ihr wiedererkennen. Sie klärte mich bald über diesen chamäleonhaften Wandel ihrer Persönlichkeit auf.

»Ich bin von meinem Mann geschieden«, sagte sie mit einem selbstzufriedenen Lächeln.

»Das tut mir leid«, sagte ich, da ich dachte, daß dies von mir erwartet würde. Aber offensichtlich ging es ihr nicht sehr nahe.

»Oh, ich brauch mir keine Sorgen zu machen«, sagte sie munter. »Mir fehlt's an nichts. Mein Vater hat mir eine Menge Rinder hinterlassen, als er starb.«

Mit ihrem selbstzufriedenen Lächeln legte sie den Kopf zur Seite und liebkoste die leblose Hülle ihrer Ehe: »Keine hätte meinen Mann mehr lieben können als ich. Ich habe ihn zu sehr geliebt.«

»Es ist immer traurig, wenn so was geschieht«, sagte ich.

»Ach, so schlimm ist es auch nicht«, sagte sie. »Ich verrate Ihnen ein Geheimnis. Sogar alte Frauen wie Mrs. Maleboge sind ganz glücklich. Sie haben immer noch Männer.«

Ich war so verblüfft, daß ich ausrief: »Das kann doch nicht wahr sein!« Sie setzte das sanfte, wissende Lächeln einer Frau auf, der auch diese Seite des Lebens nicht fremd ist. »Wenn Sie alt sind«, sagte sie, »können Sie viel sorgloser lieben, als wenn Sie jung sind. Sie können mit jemandem schlafen, ohne daß Sie Angst haben müssen, ein Kind zu kriegen. Man nimmt sich einfach ganz junge Burschen. Alle alten Frauen tun das, aber nur ganz heimlich. Keiner verdächtigt sie, und deswegen sehen sie tagsüber auch so achtbar aus.«

Ich konnte mir das nicht recht vorstellen – Mrs. Maleboge und ein junger Bursche! Ratlos zuckte ich die Achseln. Ich kam gar nicht auf den Gedanken, daß das vor allem Gaenametses Problem sein könnte. Nachdem wir unseren Tee getrunken hatten, begleitete ich sie ein Stück die Straße hinunter, und als ich dann wieder nach Hause ging, wurde ich von einer Nachbarin angesprochen:

»Was geben Sie sich denn mit *der da* ab?« fragte sie.

Ich blickte sie unangenehm berührt an. Es war der Gipfel der Mißachtung, jemanden als *die da* zu bezeichnen, aber ich war auch ein wenig entsetzt über die Geschichte von den alten Frauen, die mit jungen Burschen ins Bett stiegen.

»Wissen Sie denn gar nicht, was in diesem Dorf vorgeht?« bohrte die tratschsüchtige Nachbarin weiter. »Mit *der* spricht keiner mehr! Die ist erledigt! Sie ist von ihrem Mann geschieden worden, und dabei kam heraus, was für eine das ist! Tag und Nacht hat sie ihm zugesetzt, daß er's ihr macht; sogar während ihrer Monatsblutung hat sie ihm keine Ruhe gelassen. Schon viele Männer sind gestorben, weil eine menstruierende

Frau mit ihnen geschlafen hat. Es ist gefährlich und verstößt gegen unsere Sitten. Der Frau macht's nichts aus, aber den Mann erwischt's. Sie hat versucht, ihn umzubringen, und deswegen hat das Gericht entschieden, daß er die Ehe mit dieser schrecklichen Frau auflösen soll.«

Ich war wie versteinert vor Schreck. Sie dachte offenbar, daß ich einige der unsinnigen Überzeugungen einer primitiven Gesellschaft teilte und guthieß, und diese Gesellschaft war in mancher Hinsicht primitiv – alle primitiven Gesellschaften haben eine heilige Scheu vor dem weiblichen Monatszyklus; während dieser Zeit ist die Frau unrein, todbringend und überhaupt eine Gefahr für ihre Umgebung. Doch was mich zutiefst erschütterte, war die Erinnerung an jenen Sonntag, an den betrunkenen, schwankenden Gang eines gequälten, verzweifelten Menschen, an den rührenden, an Jesus gerichteten Hilferuf zweier Frauen, denn ich hatte plötzlich erkannt, mit welcher Heimtücke der unbekannte Mann vorgegangen war. Er mußte vorausgeahnt haben, daß die öffentliche Meinung auf seiten seiner Frau sein würde und hatte deshalb das alte Stammestabu beschworen, um selbst als der Unschuldige dazustehen. Wie sie sich gekrümmt und gewunden haben mußte! Und nach der Scheidung hatte sie versucht, ihre Achtbarkeit zu beweisen, indem sie sich wie die alte Mrs. Maleboge kleidete. Es war jedoch unmöglich, der schadenfrohen Klatschbase so etwas erklären zu wollen, daher meinte ich mit ernster Miene, aber ohne meiner Worte ganz sicher zu sein, daß ich aus einer Gegend käme, wo die Männer nichts dagegen hätten, mit menstruierenden Frauen zu schlafen, und daß es mir deshalb nichts ausmache, mit Gaenametse zu sprechen.

Kurz danach sah ich Gaenametse im Geschäftsviertel des Ortes. Sie war angezogen wie Mrs. Maleboge, aber sie war wieder einmal nicht richtig da, wie ich an ihrem schwankenden, torkelnden Gang erkannte. Ich bemerkte bald, daß sie einem jungen Mann und einem Mädchen folgte, die Hand in Hand über die staubige, ungepflasterte Straße schlenderten. Sie überholte die beiden, drehte sich schnell um und versperrte ihnen den Weg. Sie warf dem jungen Mann einen zornigen Blick zu. Da ich verstand, was dieser Blick besagte, muß er ihn auch verstanden haben. Er besagte ganz eindeutig: »Ich bin also gerade gut genug für einen nächtlichen Besuch. Ich würde auch gern Hand in Hand mit dir durchs Dorf schlendern.« Aber kein Wort wurde gesprochen. Sie wandte sich abrupt ab und schwankte davon. So war sie: Eine wilde, eigensinnige Frau, die unter Tränen klug wurde. In diesem Moment muß ihr klargeworden sein, daß Mrs. Maleboges Tricks nichts für sie waren. Sie konnte ihre Gefühle nicht unter Kontrolle halten.

Ich behielt sie so in Erinnerung, wie ich sie bei unserer letzten Begegnung sah. Eine geschäftliche Angelegenheit zwang mich, in ein entlegenes Viertel des Dorfes zu gehen. Auf dem Rückweg hörte ich eine fröhliche Stimme: »Hallo, was machen Sie denn hier?« Ich drehte mich um, und da war Gaenametse und fegte eifrig einen Hof. Sie war immer noch gekleidet wie Mrs. Maleboge, sah aber auf eine selbstzufriedene Art ganz glücklich aus, so wie an dem Tag, als sie mit ihrer Häkelarbeit die Straße heruntergekommen war.

»Wollen Sie nicht auf einen Tee hereinkommen?« fragte sie. »Ich habe Sie bis zum Ende des Dorfs gehen sehen, Sie müssen doch durstig sein.« Als wir auf die eine Lehmhütte in dem Hof zugingen, senkte sie ihre Stimme zu einem Flüstern: »Ich habe einen Mann. Wir sind noch nicht richtig verheiratet, aber er ist der Priester unserer Kirche. Er hat die Kirche selbst gegründet, weil er Leute heilen kann. Ich bin zu ihm gegangen, als ich nicht mehr weiter wußte, und wir haben gemerkt, daß wir uns lieben. Er ist ein sehr guter Mann. Er sitzt drinnen und liest die Bibel.«

Der Mann saß auf einem niedrigen Holzschemel. Er war nicht mehr jung; sein Haar wurde schon grau. Als wir eintraten, stand er auf, faltete höflich die Hände, begrüßte mich und widmete sich dann wieder seinem Bibelstudium. Wir tranken Tee, unterhielten uns, und dann begleitete sie mich noch ein Stückchen.

»Sie scheinen jetzt sehr glücklich zu sein«, sagte ich. »Ich kann nicht vergessen, wie todunglücklich Sie damals auf Mrs. Maleboges Party waren.« Sie lächelte das zärtliche, wissende Lächeln einer Frau, die weiß, wie sie mit ihren Gefühlen umzugehen hat.

»Ich habe alles, was ich brauche«, sagte sie. »Ich habe einen guten Mann. Ich bin seine Mosadi-rra.«

»Was bedeutet das?« fragte ich.
»Es bedeutet, daß ich seine Auserwählte bin«, sagte sie.

Und als ich allein weiterging, dachte ich, daß die Tage der Polygamie endgültig vorbei sind, die Männer aber immer noch nicht akzeptiert haben, daß die Frauen monogame Männer wollen.

Das zentrale Staatsgefängnis für langjährige Gefangene im Süden lag eine Tagereise von den Dörfern im nördlichen Landesteil entfernt. Sie hatten das Dorf Puleng gegen neun Uhr morgens verlassen, und den ganzen Tag brummte der Gefangenentransporter eintönig, als er auf der breiten, staubigen Überlandstraße für Fernlaster den Weg nach Süden zurücklegte. Die alltägliche Welt der umgepflügten Felder, des weidenden Viehs und der weit ausgedehnten Flächen von Busch und Wald schienen den hungrigen Augen der Gefangenen gleichgültig, die durch das hintere Drahtgitter des Gefangenentransporters hinausstarrte. Irgendwann während der Reise schien die Gefangene den äußersten Punkt des Schmerzes und der Einsamkeit in ihrem Innern zu erreichen, und niedergeschlagen kauerte sie sich zusammen, blind gegen alles außer ihrem Schmerz. Sonnenuntergang, dann Dämmerung, dann Dunkelheit, und immer noch brummte der Lastwagen weiter, unpersönlich und unbekümmert.

Zuerst wurde, schwach am Horizont, der gelbliche Schein der Lichter der neuen Stadt der Unabhängigkeit, Gaborone, wie ein verblüffendes Phantom in der überwältigenden Dunkelheit des Buschs sichtbar, bis der Lastwagen geteerte Straßen, Neonlichter, Geschäfte und Kinos erreichte und den Busch zu einem Phantom inmitten eines Lichtermeers werden ließ. All das zog, ohne daß sie noch Gefühl für die Zeit hatte, ohne von ihr beachtet zu werden, an der zusammengekauerten Gefangenen vorüber; sie rührte sich nicht, als der Lastwagen vor den Gefängnistoren endlich stehenblieb. Das Licht der Taschenlampe traf ihr Gesicht wie ein Hieb. Weil der Polizist dachte, sie schliefe, schrie er scharf:

»Wach auf! Wir sind da.«

Er mühte sich in der Dunkelheit mit dem Schloß und zog die Vergitterung auf. Mit Schmerzen in den Gliedern kroch sie hervor, schweigend.

Gemeinsam gingen sie eine kurze Treppenflucht hinauf und warteten eine Zeitlang, als der Mann mehrmals leicht gegen die schwere, eiserne Gefängnistür pochte. Der Aufseher der Nachtschicht öffnete die Tür einen Spaltbreit, spähte hinaus und öffnete daraufhin die Tür ein wenig mehr, um sie eintreten zu lassen. Ohne ein Wort, gleichgültig, führte er sie zu einem kleinen Büro, sah seinen Kollegen an und fragte: »Wen haben wir da?«

»Den Gattenmordfall aus dem Dorf Puleng«, erwiderte der andere und übergab ihm eine Akte.

Der Aufseher nahm die Akte und setzte sich an einen Tisch, auf dem aufgeschlagen ein großes Strafregister lag. In großem, steilem Gekritzel hielt er die einzelnen Punkte fest: Dikeledi Mokopi. Anklage: vorsätzlicher Totschlag. Urteil: lebenslänglich. Eine Gefängniswärterin der Nachtschicht erschien und führte die Gefangene zu einer seitlich gelegenen Einzelzelle, wo sie sich ausziehen sollte.

»Hast du Geld bei dir?« fragte die Aufseherin und gab ihr ein einfaches grünes Baumwollkleid, die Gefängnisuniform. Die Gefangene schüttelte wortlos den Kopf.

»Du hast also deinen Mann umgebracht, wie?« bemerkte die Aufseherin mit einem Anflug von Humor. »Du wirst in guter Gesellschaft sein. Wir haben noch vier Frauen hier wegen desselben Verbrechens. Es kommt geradezu in Mode. Komm mit«, und sie führte sie einen Korridor entlang, bog nach links und blieb vor einem eisernen Tor stehen, das sie mit einem Schlüssel aufschloß, wartete, daß die Gefangene vor ihr hineinging, und schloß hinter ihr mit dem Schlüssel wieder ab. Sie betraten einen kleinen Hof mit enorm hohen Mauern. Auf der einen Seite waren Toiletten, Duschen und ein Schrank. Auf der anderen ein leeres betoniertes Viereck. Die Aufseherin ging zu dem Schrank, schloß ihn auf und nahm eine dicke Rolle sauber riechender Decken heraus, die sie der Gefangenen gab. Am unteren Ende des ummauerten Hofes war eine schwere Eisentür, die zu der Zelle führte. Die Aufseherin ging auf diese Tür zu, schlug heftig dagegen und rief laut: »Hört mal, ihr Frauen da drin, zündet eure Kerzen an.« Von drinnen rief eine Stimme: »In Ordnung«, und sie konnten das Ritschratsch eines Streichholzes hören. Wieder steckte die Aufseherin einen Schlüssel ins Schloß, öffnete die Tür und beobachtete eine Zeitlang, wie die Gefangene ihre Decken auf dem Fußboden ausbreitete. Die vier weiblichen Gefangenen, die bereits inhaftiert waren, setzten sich kurz auf und starrten ihre neue Kameradin schweigend an. Als die Tür verschlossen war, begrüßten alle vier sie wortlos, und eine der Frauen fragte: »Woher kommst du?«

»Puleng«, antwortete der Neuankömmling; damit waren sie offenbar zufrieden, das Licht wurde ausgeblasen, und die Frauen legten sich hin, um ihren unterbrochenen Schlaf fortzusetzen. Und als hätte sie das Ziel, ihren Bestimmungsort erreicht, fiel auch die neue Gefangene in einen tiefen Schlaf, sobald sie die Decken über sich gezogen hatte.

Der Frühstücksgong erscholl um sechs am nächsten Morgen. Die Frauen setzten sich zu ihrer täglichen Pflicht in Bewegung. Sie standen auf, schüttelten ihre Decken aus und rollten sie zu ordentlichen Bündeln zusammen. Die Tagesaufseherin rasselte mit dem Schlüssel im Schloß und ließ sie in den kleinen betonierten Hof hinaus, damit sie ihre Morgentoilette machen konnten. Dann erschienen, mit lautem Geklapper von Kübeln und Tellern, zwei männliche Gefangene mit dem Frühstück am Tor. Die Männer gaben jeder Frau einen Teller Hafergrütze und einen Becher schwarzen Tee, und sie ließen sich zum Essen auf dem Betonboden nieder. Sie drehten sich um und sahen ihre neue Kameradin an, und eine der Frauen, Sprecherin der Gruppe, sagte freundlich:

»Gib acht! In dem Tee ist kein Zucker. Meistens löffeln wir den Zucker von der Hafergrütze und tun ihn in den Tee.«

Die Frau, Dikeledi, sah auf und lächelte. Sie hatte während der Zeit der Untersuchungshaft eine solche Quälerei erfahren, daß sie eher wie ein Skelett als ein menschliches Wesen aussah. Ihre Haut hing ausgemergelt über ihren Backen. Die andere Frau lächelte, aber auf die ihr eigene Art. Ihr Gesicht trug ununterbrochen einen Ausdruck zynischen, launischen Humors zur Schau. Sie hatte eine füllige, rundliche Figur. Sie stellte sich und ihre Kameradinnen vor: »Ich heiße Kebonye. Und das sind Otsetswe, Galeboe und Monwana. Wie heißt du wohl?«

»Dikeledi Mokopi.«

»Wie kommt es, daß du so einen traurigen Namen hast«, stellte Kebonye fest. »Warum mußten dich deine Eltern *Tränen* nennen?«

»Mein Vater starb zu jener Zeit, und es sind die Tränen meiner Mutter, die mir meinen Namen gaben«, sagte Dikeledi, fügte dann hinzu: »Sie selbst starb sechs Jahre später, und ich wuchs bei meinem Onkel auf.« Kebonye schüttelte teilnahmsvoll den Kopf und führte langsam einen Löffel Hafergrütze zum Mund. Als sie sie hinuntergeschluckt hatte, fragte sie als nächstes:

»Was ist denn dein Vergehen gewesen?«

»Ich habe meinen Mann umgebracht.«

»Wir sind alle wegen desselben Vergehens hier«, sagte Kebonye, fragte dann mit ihrem zynischen Lächeln: »Bereust du das Verbrechen?«

»Eigentlich nicht«, antwortete die andere Frau.

»Wie hast du ihn umgebracht?«

»Ich habe seine Geschlechtsteile mit einem Messer abgeschnitten«, sagte Dikeledi.

»Ich habe es mit einem Rasiermesser getan«, sagte Kebonye. Sie seufzte und fügte hinzu: »Ich hatte ein sorgenvolles Dasein.«

Eine kurze Stille folgte, während derer sie sich alle mit ihrem Essen beschäftigten, dann fuhr Kebonye nachdenklich fort:

»Unsere Männer meinen, wir brauchen keine Zärtlichkeit und Fürsorge. Weißt du, mein Mann trat mir zwischen die Beine, wenn ihm danach war. Einmal hatte ich eine Fehlgeburt wegen dieser Behandlung. Ich merkte, daß es keinen Weg gab, ihm zu gefallen, wenn ich mich schlecht fühlte, so daß ich ihm einmal sagte, daß er sich genausogut eine andere Frau nehmen könnte, wenn er das wollte, weil ich nicht alle seine Bedürfnisse erfüllen konnte. Er war Beamter im Erziehungswesen, und jedes Jahr entließ er ungefähr siebzehn Lehrer, weil sie Schulmädchen geschwängert hatten, aber er hat dasselbe getan. Das letzte Mal, als so etwas passierte, wurden die Eltern des Mädchens sehr zornig und kamen, um mir die Sache zu berichten. Ich sagte ihnen: ›Überlassen Sie das mir. Ich habe genug gesehn.‹ Und da habe ich ihn umgebracht.«

Schweigend saßen sie da und beendeten ihre Mahlzeit, nahmen dann ihre Teller und Tassen, um sie im Waschraum zu spülen. Die Aufseherin holte ein paar Eimer und einen Besen hervor. Ihre Schlafquartiere mußten mit Wasser aufgewischt werden; nirgendwo gab es einen Schmutzfleck, doch das war Gefängnisbrauch. Das einzige, was jetzt noch blieb, war eine Inspektion durch den Gefängnisdirektor. Hier wandte sich Kebonye wieder an die Neuangekommene und warnte:

»Du mußt dich in acht nehmen, wenn der Chef zum Inspizieren kommt. Auf eins ist er versessen – stramme Haltung! Steh gerade! Hände an den Seiten! Wenn das nicht gemacht wird, solltest du sehen, wie er hier steht und flucht. Er kümmert sich nur darum.«

Nachdem die Inspektion vorüber war, wurden die Frauen durch mehrere Tore auf einen offenen, sonnigen Hof geführt, der von hohem Stacheldraht eingezäunt war, wo sie ihre tägliche Arbeit verrichteten. Das Gefängnis war ein Rehabilitationszentrum, in dem die Gefangenen Waren herstellten, die im Gefängnisladen verkauft wurden; die Frauen fertigten Kleider aus Stoff und Wolle; die Männer arbeiteten in der Tischlerei, der Schuhmacherwerkstatt, der Ziegelbrennerei und dem Gemüseanbau.

Dikeledi war in mehreren Dingen geschickt – sie konnte stricken, nähen und Körbe flechten. Alle Frauen waren zur Zeit damit beschäftigt, wollene Kleidungsstücke zu stricken; einige waren Anfängerinnen und taten ihre Arbeit langsam und gewissenhaft. Interessiert sahen sie Dikeledi zu, als sie ein Wollknäuel und ein Paar Stricknadeln nahm und flink die Maschen anschlug. Sie hatte zarte, gütige, nahezu knochenlose Hände mit einer seltsamen Macht – eine Arbeit mit sehr schönem Muster wuchs unter diesen Händen. Bis zum Vormittag hatte sie das Vorderteil der Jacke vollendet, und sie hielten inne, um das Muster zu bewundern, das sie sich selbst ausgedacht hatte.

»Du bist talentiert«, bemerkte Kebonye bewundernd.

»Das sagen alle meine Freunde«, erwiderte Dikeledi lächelnd. »Weißt du, ich bin die Frau, deren Strohdach keine undichten Stellen hat. Wann immer meine Freunde ihre Hütten mit Stroh decken wollten, war ich dabei. Sie hätten es nie ohne mich gemacht. Ich war immer beschäftigt und mit Arbeit eingedeckt, denn diese Hände waren es, die meine Kinder versorgten und großzogen. Mein Mann verließ mich nach vierjähriger Ehe, aber ich bin gut damit fertig geworden, die Münder zu füttern. Wenn die Leute mich für meine Arbeit nicht mit Geld bezahlten, bezahlten sie mich mit Lebensmitteln.«

»Hier ist es gar nicht so schlecht«, sagte Kebonye. »Von dem Erlös unserer Arbeit wird uns ein wenig Geld auf die Seite gelegt, und wenn du so arbeitest, kannst du immer noch Geld für deine Kinder verdienen. Wie viele Kinder hast du?«

»Ich habe drei Söhne.«

»Sind sie gut aufgehoben?«

»Ja.«

»Ich mag das Mittagessen«, sagte Kebonye, indem sie der Unterhaltung eine andere Wende gab. »Es ist die beste Mahlzeit des Tages. Wir bekommen Maisbrei und Fleisch und Gemüse.«

So verging der Tag mit Geplauder und Arbeit angenehm, und bei Sonnenuntergang wurden die Frauen wieder in die Zelle zur Einschlußzeit gebracht. Sie rollten ihre Decken auseinander und machten ihre Betten, und beim Kerzenschein setzten sie ihre Unterhaltung noch eine Weile fort. Gerade als sie im Begriff waren, sich zur Ruhe zu begeben, nickte Dikeledi ihrer neu gefundenen Freundin, Kebonye, zu:

»Danke für all deine Freundlichkeit, die du mir entgegengebracht hast«, sagte sie sanft.

»Wir müssen uns gegenseitig helfen«, antwortete Kebonye mit ihrem amüsierten, zynischen Lächeln. »Das ist eine schreckliche Welt. Hier gibt es nur Elend.«

Und so begann für Frau Dikeledi die Phase Drei eines Lebens, das in seiner Einsamkeit und seinem Elend aschgrau gewesen war. Und doch hatte sie inmitten der Asche immer Gold gefunden, tiefe Zuneigung, die ihr Herz mit den Herzen anderer verbunden hatte. Sie lächelte Kebonye zärtlich an, weil sie bereits wußte, daß sie eine andere derartige Liebe gefunden hatte. Sie war eine Sammlerin solcher Schätze.

In der Gesellschaft gab es tatsächlich nur zwei Kategorien Männer. Die eine Kategorie verursachte ein solches Elend und Chaos, daß diese Männer, allgemein gesprochen, als Übel verdammt werden konnten. Sah man, wie die Dorfhunde eine läufige Hündin jagten, so zogen sie gewöhnlich in einer Meute von vieren oder fünfen umher. Wenn die Paarung ihren Fortgang nahm, versuchte ein Hund jedesmal, die Oberhand über die Ausgelassenheit zu gewinnen und all die anderen von der Hündin zu verdrängen. Der Rest der glücklosen Hunde stand dann immer, in das Gesicht des anderen kläffend und nach ihm schnappend, herum, während der Sieger in einem ununterbrochenen Spurt von Orgasmen schwelgte, Tag und Nacht, bis er erschöpft war. Kein Zweifel, während dieses herkulischen Meisterstücks bildete der Hund sich ein, er sei der einzige Penis auf der Welt, und daß es eine Balgerei darum geben müsse. Diese Sorte Mann lebte auf fast animalischem Niveau und verhielt sich ganz genauso. Wie die Hunde und Stiere und Esel übernahm auch ein solcher Mann keine Verantwortung für die Jungen, die er zeugte, und wie die Hunde und Stiere und Esel brachte er die Frauen zu Fehlgeburten. Da diese Sorte Mann in der Gesellschaft in der Überzahl war, sollte man ihn sich näher ansehen, denn er war für den völligen Zusammenbruch des Familienlebens verantwortlich. Man könnte ihn über drei Zeiträume hinweg untersuchen. In den alten Zeiten, vor dem Einbruch der Kolonialherrschaft in Afrika, war er ein Mann, dessen Leben von den Traditionen und Tabus bestimmt war, die von den Stammesvorfahren für alle festgelegt waren. Er hatte wenig persönliche Freiheit, selbst zu entscheiden, ob diese Traditionen nun einfühlsam waren oder nicht – sie erforderten, daß er sich den Regeln, ohne nachzudenken, fügte und sie befolgte. Unterzieht man jedoch die Gesetze der Vorfahren einer Prüfung, so zeigt sich, daß sie zusammengenommen umfassende, äußerliche Regeln zum Wohl der Gesellschaft waren, die den individuellen Neigungen und Bedürfnissen wenig Beachtung schenkten. Die Vorfahren unterlagen so vielen Irrtümern, und eines der verbitterndsten Dinge war, daß sie den Männern eine überlegene Position zuwiesen, wohingegen Frauen, als sei es angeboren, als eine niedere Erscheinungsform menschlichen Lebens betrachtet werden. Bis zum heutigen Tag leiden Frauen noch immer unter all den Nöten, die einer niederen Erscheinungsform menschlichen Lebens widerfahren. Die Kolonialära und die Zeit der Wanderarbeit zu den Bergwerken von Südafrika war ein weiteres Elend, das diesen Mann heimsuchte. Es brach die Macht der Vorfahren. Es brach die alte, traditionelle Form des Familienlebens, und ein

Mann war lange Zeit von seiner Frau und seinen Kindern getrennt, während er in einem anderen Land für einen Hungerlohn arbeitete, um den Betrag für seine britische Kolonialkopfsteuer zahlen zu können. Der britische Kolonialismus bereicherte sein Leben kaum. Er wurde *der Boy* des weißen Mannes und eine Werkzeugmaschine des südafrikanischen Bergbaus. Die afrikanische Unabhängigkeit schien eher noch ein weiteres Elend zu all den anderen Nöten zu sein, die diesen Mann heimsuchten. Die Unabhängigkeit änderte auf plötzliche und dramatische Weise das Muster kolonialer Dienstbarkeit. Unter dem Afrikanisierungsprogramm der neuen Regierung standen mehr Arbeitsstellen zur Verfügung, und gleichzeitig schnellten die Gehälter in die Höhe. Das verschaffte die erste Gelegenheit für ein Familienleben neuer Ordnung, nach den kindlichen Regeln der Gewohnheit und der kolonialen Erniedrigung. Um zu überleben, mußten Männer und Frauen sich auf ihre eigenen Möglichkeiten besinnen. Der Mann war es, der diesen Wendepunkt als zerbrochenes Wrack ohne jede eigenen inneren Möglichkeiten erreichte. Es war, als sei er sich selbst zuwider, und im Bemühen, seiner eigenen inneren Leere zu entfliehen, wirbelte er in einer Art schwindelerregendem Todestanz von wilder Zerstörung und Ausschweifung von sich selbst fort.

Einer dieser Männer war Garesego Mokopi, der Mann von Dikeledi. Vor der Unabhängigkeit hatte er vier Jahre lang als Angestellter in der Bezirksverwaltungsbehörde gearbeitet, bei einem festen Einkommen von fünfzig Rand im Monat. Kurz nach der Unabhängigkeit schnellte sein Gehalt auf zweihundert Rand monatlich in die Höhe. Selbst während seiner mageren Tage hatte er eine Vorliebe für die Schürzenjagd und das Trinken gehabt; jetzt hatte er die Mittel für echte Abenteuer. Man sah ihn nicht mehr zu Hause; er lebte und schlief sich durch das Dorf, von einer Frau zur anderen. Er überließ seine Frau und seine drei Söhne – Banabothe, den Ältesten, vier Jahre alt; Inalame, drei Jahre alt; und den Jüngsten, Motsomi, ein Jahr alt – sich selbst. Vielleicht tat er das, weil sie von der langweiligen, halbgebildeten traditionellen Art war, und es gab eine Menge aufregender neuer Frauen um ihn her. Die Unabhängigkeit brachte in der Tat Wunderbares hervor. In der Gesellschaft gab es eine andere Kategorie Mann mit der Kraft, sich selbst neu zu erschaffen. Er widmete all seine Möglichkeiten, die emotionalen wie materiellen, seinem Familienleben, und er fuhr mit seinem eigenen stillen Rhythmus immer weiter fort, wie ein Fluß. Er war ein Gedicht von Zärtlichkeit.

Einer dieser Männer war Paul Thebolo, und er und seine Frau, Kenalepe, und ihre drei Kinder kamen 1966, im Jahr der Unabhängigkeit, in das Dorf Puleng, um dort zu wohnen. Paul Thebolo war der Posten des Rektors einer Grundschule im Dorf angeboten worden. Als ihr neues Zuhause hatten sie ein unbebautes Feld neben dem Hof von Dikeledi Mokopi zugewiesen bekommen.

Nachbarn sind füreinander der Mittelpunkt des Universums. Sie helfen einander jederzeit und leihen sich gegenseitig ihre Habe aus. Dikeledi Mokopi beobachtete interessiert den Hof ihrer neuen Nachbarn. Zuerst erschien nur der Mann mit ein paar Handwerkern, um den Zaun zu errichten, der mit unglaublicher Schnelligkeit und Fertigkeit hochgezogen wurde. Der Mann beeindruckte sie sofort, als sie hinüberging, um sich vorzustellen und ein wenig über die Neuankömmlinge zu erfahren. Er war hochgewachsen, langgliedrig und hatte einen bedächtigen Gang. Er war ein so friedfertiger Mensch, daß Sonnenlicht und Schatten alle möglichen Possen mit seinen Augen vollführten, so daß es schwer war, ihre eigentliche Farbe zu bestimmen. Wenn er still dastand und nachdenklich dreinblickte, gefiel es dem Sonnenlicht, in seine Augen hineinzukriechen und sich dort behaglich niederzulassen; daher hatten seine Augen manchmal die Farbe des Schattens, und manchmal waren sie hellbraun.

Er wandte sich um und lächelte sie auf eine freundliche Art an, als sie sich vorstellte, und erklärte, daß er und seine Frau ihren Wohnsitz aus dem Dorf Bobonong hierher verlegten. Bis der Hof fertig war, wohnten seine Frau und seine Kinder in dem Dorf bei Verwandten. Er hatte Eile, sich niederzulassen, da das Schulsemester in einem Monat beginnen würde. Sie wollten, so sagte er, zuerst zwei Lehmhütten errichten, und später beabsichtigte er, ein kleines Ziegelhaus zu bauen. In wenigen Tagen würde seine Frau mit ein paar anderen Frauen herüberkommen, um die Lehmwände der Hütten zu errichten.

»Ich würde auch gerne meine Hilfe anbieten«, sagte Dikeledi. »Wenn die Arbeit immer frühmorgens beginnt und wir ungefähr zu sechst sind, können wir beide Mauern in einer Woche errichten. Wenn du eine Hütte mit Dachstroh nach Frauenart haben möchtest – alle meine Freunde wissen, daß ich die Frau bin, deren Strohdach keine undichten Stellen hat.«

Der Mann erwiderte lächelnd, daß er diese Informationen seiner Frau mitteilen wolle, dann setzte er charmant hinzu, er glaube, daß seine Frau mögen würde, wenn sie einander kennenlernten. Seine Frau sei ein sehr freundlich gesinnter Mensch; jeder möge sie.

Frohen Herzens ging Dikeledi auf ihren eigenen Hof zurück. Sie hatte wenige Besucher. Keiner ihrer Verwandten besuchte sie in der Befürchtung, daß sie, seit ihr Mann sie verlassen hatte, in vielem auf sie angewiesen sei. Diejenigen, die sie besuchten, machten Geschäfte mit ihr; sie wollten, daß sie Kleider für ihre Kinder nähte oder Jacken für den Winter strickte, und gelegentlich, wenn sie überhaupt keine Aufträge hatte, stellte sie Körbe her, die sie verkaufte. Auf diese Weise ernährte sie sich und ihre Kinder, doch sie sehnte sich nach echten Freunden.

Alles erwies sich so, wie der Mann es gesagt hatte – er hatte eine reizende Frau. Sie war ziemlich groß und dünn und von aufgeweckter, lebhafter Art. Sie gab sich keine Mühe zu verbergen, daß sie normalerweise, und jeden Tag, eine sehr glückliche Person war. Und alles ging so, wie Dikeledi es gesagt hatte. Die Arbeitsgruppe von sechs Frauen errichtete die Lehmwände der Hütten in einer Woche; zwei Wochen später war das Strohdach fertig. Die Familie Thebolo richtete sich in ihrer neuen Wohnung ein, und Dikeledi Mokopi richtete sich in der erfolgreichsten und glücklichsten Zeit ihres Lebens ein. Ihr Leben nahm eine große, weite Aufwärtskurve. Ihre Beziehung zur Familie Thebolo war mehr als der übliche freundliche Austausch unter Nachbarn. Sie war fruchtbar und schöpferisch.

Es dauerte nicht lange, bis die beiden Frauen eine Freundschaft jener tiefen, herzlichen, alles teilenden Art hatten, die nur Frauen zu unterhalten verstehen. Es schien, als wollte Kenalepe unendlich viele Kleider für sich und ihre drei kleinen

Mädchen genäht bekommen. Da Dikeledi für diese Dienste kein Geld annehmen wollte – sie erhob Einwände gegen die vielen Wohltaten, die sie von ihren guten Nachbarn bekam, richtete Paul Thebolo es so ein, daß sie für diese Dienste in Form von Lebensmitteln bezahlt wurde, so daß für Dikeledis Grundbedürfnisse im Haushalt gesorgt war – für den gefüllten Getreidesack, Zucker, Tee, Milchpulver und Öl. Kenalepe war auch die Art Frau, die die ganze Welt dazu brachte, sich um sie zu drehen; ihre anziehende Persönlichkeit zog eine große Zahl Frauen in ihren Hof und auch eine große Zahl Kunden für ihre schneidernde Freundin Dikeledi. Schließlich wurde Dikeledi mit Arbeit überhäuft, war gezwungen, eine zweite Nähmaschine zu kaufen und eine Hilfe einzustellen. Die beiden Frauen machten alles gemeinsam – auf Hochzeiten, Begräbnissen und Parties im Dorf waren sie ständig zusammen. In ihren freien Stunden unterhielten sie sich offen über all ihre Privatangelegenheiten, so daß jede der beiden die Einzelheiten aus dem Leben der anderen ganz genau kannte.

»Du bist ein Glückskind«, bemerkte Dikeledi eines Tages sehnsuchtsvoll. »Nicht jede hat das Geschenk eines Ehemanns wie Paul.«

»O ja«, sagte Kenalepe glücklich. »Er ist ein rechtschaffener Mensch.« Sie wußte ein wenig von Dikeledis Sorgenliste und fragte: »Aber weshalb hast du einen Mann wie Garesego geheiratet? Ich habe ihn mir sorgfältig angeschaut, als du ihn mir neulich in der Nähe der Geschäfte gezeigt hast, und ich konnte auf einen Blick erkennen, daß er ein oberflächlicher Mensch ist.«

»Ich glaube, ich wollte in erster Linie aus dem Hof meines Onkels herauskommen«, antwortete Dikeledi. »Ich habe meinen Onkel nie gemocht. Reich wie er war, war er ein harter Mensch und sehr egoistisch. Ich war dort nur eine Dienstbotin und wurde herumgestoßen. Ich kam dorthin, als ich sechs Jahre alt war und meine Mutter starb, und es war kein glückliches Leben. Alle seine Kinder verachteten mich, weil ich ihre Dienstbotin war. Der Onkel bezahlte sechs Jahre lang meine Ausbildung, dann sagte er, ich müßte von der Schule abgehen. Ich sehnte mich nach mehr, denn, wie du weißt, öffnet Ausbildung einem die Welt. Garesego war ein Freund meines Onkels, und er war der einzige Mann, der um meine Hand anhielt. Sie machten das unter sich aus, und dann sagte mein Onkel: ›Du heiratest besser Garesego, weil du hier nur wie eine Kette an meinem Hals hängst.‹ Ich stimmte zu, nur um von diesem schrecklichen Menschen fortzukommen. Damals sagte Garesego, daß er lieber mit einer Frau wie mir verheiratet sei als mit einer von der gebildeten Art, weil jene Frauen widerspenstig seien und die Regeln für die Männer festlegen wollten. Wirklich, ich habe kein einziges Mal protestiert, als er anfing sich herumzutreiben. Du weißt, was die anderen Frauen machen. Sie jagen dem Mann von einer Hütte zur anderen hinterher und verprügeln die Freundinnen. Der Mann rennt einfach in eine andere Hütte, das ist alles. Also gewinnst du eigentlich nicht. Ich habe nichts dergleichen tun wollen. Ich bin zufrieden, daß ich Kinder habe. Sie sind ein Segen für mich.«

»Oh, das ist nicht genug«, sagte ihre Freundin und schüttelte in tiefer Zuneigung den Kopf. »Ich bin erstaunt darüber, wie das Leben seine Gaben verteilt. Manche Leute bekommen zuviel. Andere bekommen gar nichts. Ich habe immer Glück gehabt im Leben. Eines Tages werden meine Eltern zu Besuch kommen – sie leben im Süden –, und du wirst sehen, was für ein Aufhebens sie um mich machen. Paul ist genauso. Er kümmert sich um alles, so daß ich nie einen sorgenvollen Tag habe …«

Der Mann, Paul, zog eine ebenso große Zahl männlicher Freunde an wie seine Frau Freundinnen. Jeden Abend hatten sie Gäste; Männer, die nicht lesen und schreiben konnten und ihn baten, ihre Steuerformulare auszufüllen oder Briefe zu schreiben, oder seine eigenen Kollegen, die mit ihm die politischen Tagesthemen erörtern wollten – jeden Tag passierte etwas Neues, jetzt, da das Land die Unabhängigkeit hatte. Die beiden Frauen saßen aufmerksam am Rande dieser Diskussionen, doch nie nahmen sie daran teil. Am darauffolgenden Tag dann grübelten sie mit weisen ernsten Ausdrücken über diese Diskussionen nach.

»Der Verstand der Männer verläuft auf weiten und kühnen Bahnen«, sagte Kenalepe dann. »Die Art, wie sie unsere neue Regierung freiweg kritisieren, macht mir Angst. Hast du gehört, was Petros gestern abend gesagt hat? Er hat gesagt, er kennt all diese Schweinehunde, und sie wären nur ein Gaunerpack, das eine Menge schmutziger Dinger dreht. Ach je! Ich habe so gezittert, als er das gesagt hat. Die Art und Weise, wie sie über die Regierung reden, läßt dich instinktiv spüren, daß das keine sichere Welt zum Leben ist, nicht wie in den alten Zeiten, als wir keine Regierungen hatten. Und Lentswe hat gesagt, daß zehn Prozent der Bevölkerung in England das ganze Vermögen des Landes kontrollieren, während der Rest gerade leben kann. Und er hat gesagt, der Kommunismus würde das alles in Ordnung bringen. Aus der Art und Weise, wie sie über diese Angelegenheit diskutierten, schloß ich, daß unsere Regierung nichts für den Kommunismus übrig hat. Ich habe so sehr gezittert, als mir das klar wurde…« Sie machte eine Pause und lachte stolz. »Ich habe Paul mehrmals sagen hören: ›Die Briten haben uns nur achtzig Jahre lang regiert.‹ Ich frage mich, warum Paul das so gern sagt?«

Und so öffnete sich für Dikeledi eine völlig neue Welt. Diese Welt war in kaum vorstellbarem Maße prächtig und voll von Glück, so daß sie, wie die Tage vergingen, tiefer in sie eintauchte und die Dürftigkeit ihres eigenen Lebens überhaupt nicht sah. Doch wie ein nagender Schmerz haftete sie im Kopf ihrer Freundin Kenalepe.

»Du solltest einen anderen Mann finden«, drängte sie eines Tages, als sie eine ihrer persönlichen Unterhaltungen führten. »Es ist nicht gut für eine Frau, allein zu leben.«

»Und wer soll das sein?« fragte Dikeledi desillusioniert. »Ich würde nur Sorgen in mein Leben bringen, wo doch jetzt alles seine Ordnung hat. Meinen ältesten Sohn habe ich in der Schule, und ich kann das Schulgeld aufbringen. Das ist alles, worum ich mich wirklich sorge.«

»Ich meine«, sagte Kenalepe, »wir sind auch hier, um mit jemandem zu schlafen und daran Spaß zu haben.«

»Oh, darum habe ich mich nie richtig gekümmert«, erwiderte die andere. »Wenn du dabei das Schlimmste durchmachst, bringt es dich ganz und gar davon ab.«

»Was meinst du damit?« fragte Kenalepe verwundert.

»Ich meine, es war bloß Aufspringen und Abspringen, und ich habe mich immer gefragt, was wohl daran sei. Ich habe eine Abneigung dagegen entwickelt.«

»Du meinst, Garesego war so!« sagte Kenalepe verblüfft.

»Nun, das ist geradeso wie ein Hahn, der von Henne zu Henne hüpft. Ich frage mich, was er mit all jenen Frauen macht. Ich bin sicher, sie sind nur hinter seinem Geld her, und deshalb schmeicheln sie ihm...« Sie machte eine Pause und setzte dann eifrig hinzu: »Das ist wirklich nur ein Grund mehr, daß du einen anderen Mann finden solltest. Oh, wenn du wüßtest, wie es wirklich ist, würdest du dich danach sehnen, das kann ich dir sagen! Manchmal denke ich, ich genieße diese Seite des Lebens viel zu sehr. Paul versteht eine Menge davon. Und immer hat er irgendeinen neuen Trick, mit dem er mich überrascht. Er hat eine gewisse Art zu lächeln, wenn er sich etwas Neues ausgedacht hat, und ich erbebe ein bißchen und sage zu mir: ›Ha, was wird Paul heute machen!‹«

Kenalepe machte eine Pause und lächelte ihre Freundin listig an.

»Ich kann dir Paul borgen, wenn du magst«, sagte sie, erhob daraufhin eine Hand, um den Protest im Gesicht ihrer Freundin abzuwehren. »Ich würde es tun, weil ich in meinem ganzen Leben noch keine Freundin hatte, der ich so sehr vertraute. Weißt du, bevor er mich heiratete, hatte Paul andere Mädchen, daher ist es für ihn nicht so außergewöhnlich. Außerdem haben wir uns geliebt, lange bevor wir geheiratet haben, und ich wurde nie schwanger. Auf diese Seite gibt er auch acht. Es würde mir nichts ausmachen, ihn auszuleihen, weil ich wieder ein Kind erwarte und mich zur Zeit nicht so gut fühle...«

Dikeledi starrte eine lange Weile zu Boden, dann sah sie mit Tränen in den Augen zu ihrer Freundin auf.

»Ein solches Geschenk kann ich von dir nicht annehmen«, sagte sie tief bewegt. »Aber wenn du krank bist, will ich für dich waschen und kochen.«

Durch die Weigerung ihrer Freundin von ihrem großzügigen Angebot nicht abgebracht, erzählte Kenalepe ihrem Mann am selben Abend von dem Gespräch. Er war von dem Unvermuteten des Themas so aus dem Gleichgewicht gebracht, daß er anfänglich ein wenig erstaunt dreinsah und in lautes Gelächter ausbrach, und das für so lange Zeit, daß es schien, er könne gar nicht mehr aufhören.

»Warum lachst du so?« fragte Kenalepe überrascht.

Er lachte noch ein wenig weiter, wurde dann mit einem Mal

sehr ernst und nachdenklich und verlor sich für einige Zeit in seinen eigenen Gedanken. Als sie ihn fragte, was er denke, antwortete er lediglich: »Ich will dir nicht alles sagen. Ich möchte einige meiner Geheimnisse für mich behalten.« Am nächsten Tag berichtete Kenalepe ihrer Freundin davon.

»Was er wohl damit meint? ›Ich möchte einige meiner Geheimnisse für mich behalten‹?« »Ich glaube«, sagte Dikeledi lächelnd, »ich glaube, er hat seine eigene Vorstellung von einem rechtschaffenen Mann. Außerdem, wenn jemand jemanden zu sehr liebt, tut es ihm weh, es zu sagen. Lieber schweigt er.« Kurz darauf hatte Kenalepe eine Fehlgeburt und mußte zu einem kleinen Eingriff ins Krankenhaus eingewiesen werden. Dikeledi hielt ihr Versprechen, für die Freundin »zu waschen und zu kochen«. Sie führte beide Haushalte, gab den Kindern zu essen und hielt alles in Ordnung. Die Leute klagten auch über die Dürftigkeit der Krankenhausdiät, und Tag für Tag streifte sie nach Eiern und Hühnern durchs Dorf, kochte sie und brachte sie Kenalepe jeden Tag zum Mittagessen.

Eines Abends stieß Dikeledi bei ihrer täglichen Arbeit auf eine unerwartete Schwierigkeit. Sie hatte gerade das Abendbrot für die Thebolo-Kinder aufgetragen, als eine Kundin mit der dringenden Bitte vorbeikam, eine Änderung an einem Hochzeitskleid vorzunehmen. Die Hochzeit sollte am nächsten Tag stattfinden. Sie ließ die Kinder, die um das Feuer saßen, allein beim Essen und ging in ihr eigenes Heim zurück. Eine Stunde später, als ihre eigenen Kinder schliefen und ruhig waren, dachte sie, sie wolle noch einmal im Hof der Thebolos nachschauen, ob dort alles in Ordnung sei. Sie betrat die Hütte der Kinder und sah, daß sie allein zu Bett gegangen waren und fest schliefen. Ihre Abendbrotteller lagen verstreut und ungespült ums Feuer. Die Hütte, die Paul und Kenalepe miteinander teilten, lag im Dunkeln. Das hieß, daß Paul noch nicht von seinem üblichen Abendbesuch bei seiner Frau zurückgekommen war. Dikeledi sammelte die Teller ein und spülte sie, goß dann das schmutzige Abwaschwasser auf die immer noch glühende Asche des Feuers im Freien. Sie stapelte die Teller übereinander und trug sie zu der dritten zusätzlichen Hütte, die als Küche genutzt wurde. Gerade in diesem Augenblick betrat Paul Thebolo den Hof, bemerkte Licht und Bewegung in der

Küchenhütte und ging hinüber. Er blieb in der offenen Tür stehen.

»Was machst du jetzt, Mma-Banabothe?« fragte er, wobei er sie, wie es üblich war, mit dem Namen ihres ältesten Sohnes, Banabothe anredete.

»Ich weiß recht gut, was ich tue«, antwortete Dikeledi froh. Sie wandte sich um, um zu sagen daß es nicht gut sei, schmutziges Geschirr über Nacht stehen zu lassen, doch ihr Mund blieb offen vor Überraschung. Zwei zarte Punkte kühlen hellen Lichts lagen in seinen Augen, und etwas unendlich Süßes sprang zwischen ihnen über; zu schön war es, um Liebe zu sein.

»Du bist eine sehr liebe Frau, Mma-Banabothe«, sagte er sanft.

Es war die Wahrheit, und das Geschenk wurde wie ein in der Erde gefundener Goldklumpen dargeboten. Nur Männer wie Paul Thebolo konnten solche Geschenke darbieten. Sie nahm es und bewahrte einen weiteren Schatz in ihrem Herzen. Sie beugte das Knie im traditionellen Knicks und ging ruhig in ihr eigenes Haus zurück.

Acht Jahre vergingen für Dikeledi in ruhigem Arbeitsrhythmus und der Freundschaft mit den Thebolos. Die Krise kam mit dem ältesten Sohn, Banabothe. Zum Jahresende mußte er seinen Grundschulabschluß machen. Dieses ernste Ereignis ernüchterte ihn beträchtlich, denn wie alle Jungen liebte er die freie Zeit zum Spielen. Er brachte seine Bücher nach Hause und sagte seiner Mutter, daß er an den Abenden lernen wolle. Um ihr eine Freude zu bereiten, wollte er mit der Note Eins abschließen. Mit glühendem, stolzem Gesicht erwähnte Dikeledi dies gegenüber ihrer Freundin Kenalepe.

»Banabothe lernt jetzt jeden Abend«, sagte sie. »Er hat sich nie richtig ums Lernen gekümmert. Ich freue mich so darüber, daß ich ihm eine zusätzliche Lampe gekauft und ihn aus der Kinderhütte in meine eigene geholt habe, wo es für ihn ruhiger sein wird. Wir bleiben jetzt beide abends lange auf. Ich nähe Knöpfe an und bessere Sachen aus, und er macht seine Schularbeiten...«

Sie eröffnete auch ein Sparkonto bei der Post, um für seine

weitere Ausbildung auf der höheren Schule etwas Geld als Reserve für das Schulgeld zur Verfügung zu haben. Es war ziemlich hoch – fünfundachtzig Rand. Doch obwohl sie all ihre überzähligen Cents zurücklegte, fehlten ihr gegen Jahresende zwanzig Rand, um die Gebühren zu bestreiten. Als die Weihnachtsferien zur Hälfte vergangen waren, wurden die Ergebnisse bekanntgegeben. Banabothe schloß mit der Note Eins ab. Seine Mutter war nahezu außer sich vor Freude über seine Leistung. Aber was tun? Die beiden jüngsten Söhne hatten bereits mit der Grundschule begonnen, und sie würde nie imstande sein, alle Gebühren von ihren Mitteln zu bestreiten. Sie beschloß, Garesego Mokopi daran zu erinnern, daß er der Vater der drei Kinder war. Seit acht Jahren hatte sie ihn nicht getroffen, außer wenn er zufällig im Dorf vorüberging. Manchmal winkte er ihr zu, aber er hatte nie mit ihr gesprochen oder sich nach ihrem Leben oder dem der Kinder erkundigt. Es war ihm bedeutungslos. Sie war für ihn eine niedere Erscheinungsform menschlichen Lebens. Dann tauchte eines Tages dieses unerfreuliche Etwas in seinem Büro auf, gerade als er zum Mittagessen gehen wollte. Vom Dorfklatsch her war ihr zu Ohren gekommen, daß er sich möglicherweise mit einer verheirateten Frau zusammengetan hatte, die selbst einige Sprößlinge hatte. In einem typischen Dorfskandal unter Streit, Flüchen und Beleidigungen hatte er ihren Mann verdrängt. Höchstwahrscheinlich kümmerte den Mann das nicht, weil es immer Arme gab, die sich nach einem Mann ausstreckten, solange er nur aussah wie ein Mann. Der Reiz gerade dieser Frau war für Garesego Mokopi, daß – so sagten ihre früheren Liebhaber kichernd – sie sich ungestümen Formen des Liebemachens, wie Beißen und Kratzen hingab.

Garesego Mokopi trat aus seinem Büro und sah den Geist seiner Vergangenheit, seine Frau, gereizt an. Offensichtlich wollte sie mit ihm reden, und er ging auf sie zu, wobei er die ganze Zeit über auf seine Uhr schaute. Wie alle neuen »Erfolgsmänner« hatte er einen Wanst angesetzt, er hatte starke Augenringe, sein Gesicht war aufgedunsen, und der Geruch vom Bier und Sex der vergangenen Nacht hafteten noch an ihm. Mit den Augen bedeutete er ihr, daß sie zur Rückseite des Bürohauses gehen sollten, wo sie unter vier Augen miteinander reden konnten.

»Was immer du auch sagen willst, du mußt dich beeilen damit«, sagte er ungeduldig. »Die Mittagszeit ist sehr kurz, und ich muß um zwei wieder im Büro sein.«

Zu ihm konnte sie nicht von ihrem Stolz über Banabothes Leistung sprechen, also sagte sie einfach und ruhig: »Garesego, ich bitte dich, hilf mir, Banabothes Gebühren für die höhere Schule zu bezahlen. Er hat mit der Note Eins abgeschlossen, und wie du weißt, muß das Schulgeld am ersten Schultag aufgebracht werden, andernfalls wird er abgewiesen. Das ganze Jahr über habe ich mich abgemüht, Geld zu sparen, aber mir fehlen zwanzig Rand.«

Sie reichte ihm ihr Postsparbuch, das er nahm, einen kurzen Blick hineinwarf und ihr zurückgab. Daraufhin lächelte er, ein grinsendes Weiß-ich-alles-Lächeln, und gedachte, ihr einen Hieb ins Gesicht zu versetzen.

»Warum bittest du nicht Paul Thebolo um das Geld?« sagte er.

»Jedermann weiß, daß er zwei Haushaltungen unterhält und daß du seine Reserve bist. Jedermann weiß von dem gefüllten Getreidesack, den er alle sechs Monate bei dir abliefern läßt, warum also kann er das Schulgeld nicht genausogut bezahlen?«

Weder verneinte noch bestätigte sie das. Der Hieb prallte an ihrem Gesicht ab, das sie geringschätzig, mit Stolz hob. Daraufhin ging sie fort.

Wie es ihre Gewohnheit war, kamen die beiden Frauen am Nachmittag zusammen, und Dikeledi erzählte diese Unterhaltung mit ihrem Mann Kanalepe, die ihren Kopf zornig zurückwarf und hitzig sagte: »Dieses dreckige Schwein! Er glaubt, jeder Mann sei wie er, wie? Ich werde Paul davon erzählen, dann kann er etwas erleben.«

Und tatsächlich erlebte Garesego etwas, aber das war genau nach seinem Geschmack. In seinem Allerinnersten war er eine Prostituierte, und wie alle professionellen Prostituierten fand er Gefallen an Bekanntheit und Sensation – es war seiner Sache förderlich. Er lächelte jovial und breit, als ein wahnsinnig zorniger Paul Thebolo auf die Tür seines Hauses zukam, wo er mit *seiner* Konkubine lebte. Während jener acht Jahre hatte Garesego eine Menge dieser Dramen durchgestanden, und er kannte den Dialog, der folgen würde, nahezu gewohnheitsmäßig.

»Du Bastard!« stieß Paul Thebolo hervor. »Deine Frau ist nicht meine Konkubine, hörst du?«

»Warum versorgst du sie dann mit Lebensmitteln?« sagte Garesego gedehnt. »Männer tun das nur für Frauen, die sie ficken! Sie tun es nie für nichts.«

Paul Thebolo stützte eine Hand gegen die Wand, halb betäubt vor Zorn, und angespannt sagte er: »Du besudelst Leben, Garesego Mokopi. In deinem Leben gibt es nichts anderes als Besudelung. Mma-Banabothe näht Kleider für meine Frau und meine Kinder, und nie will sie Geld von mir annehmen, wie anders also könnte ich sie bezahlen?«

»Das bestätigt die Geschichte nur von beiden Seiten«, antwortete der andere verächtlich. »Frauen tun das für Männer, die sie ficken.«

Paul Thebolo stieß die andere Hand vor, schlug ihm heftig in ein grinsendes Auge und ging fort. Wer könnte ein blaues geschwollenes Auge verbergen? Auf jede überrascht geäußerte Nachfrage antwortete er mit gekränkter Miene:

»Der Geliebte meiner Frau hat es getan, Paul Thebolo.«

Naturlich lenkte das die Aufmerksamkeit des ganzen Dorfes auf ihn, was alles war, was er eigentlich wollte. Diese Art Männer war die unterste Stütze des Regierungssystems. Insgeheim dürsteten sie danach, Präsident zu sein, auf den sich alle Augen richteten. Er schürte die Sensation noch ein wenig mehr. Er verkündete, daß er das Schulgeld für das Kind seiner Konkubine, das ebenfalls vor dem Eintritt in die höhere Schule stand, zahlen wolle, nicht aber das Schulgeld für sein eigenes Kind, Banabothe. Halbwegs gefiel den Leuten die Verunglimpfung Paul Thebolos; er war zu gut, um wahr zu sein. Sie ergötzten sich daran, ihn zu einem Teil des allgemeinen Dorfschmutzes zu machen, daher wandten sie sich gegen Garesego, und schimpften: »Deine Frau bekommt vielleicht allerhand von Paul Thebolo, aber kein Geldbeutel irgendeines Mannes läßt zu, sowohl das Schulgeld für seine eigenen Kinder als auch das Schulgeld für die Kinder eines anderen Mannes zu zahlen.

Banabothe gäbe es nicht, hättest du ihn nicht gezeugt, Garesego, also ist es deine Pflicht, für ihn zu sorgen. Außerdem ist es dein Fehler, wenn deine Frau einen anderen Mann nimmt. Du hast sie die ganzen Jahre allein gelassen.«

So lebte man zwei Wochen lang mit dieser Geschichte, größtenteils deshalb, weil die Leute sagen wollten, daß auch für Paul Thebolo ein Teil des Lebens und seiner Moral ebenso unsicher war wie für sie selbst. Aber die Geschichte nahm eine dermaßen dramatische Wendung, daß sie alle Männer schaudern ließ vor Schrecken. Es dauerte ein paar Wochen, bevor sie den Mut fanden, mit Frauen ins Bett zu gehen; sie zogen es vor, etwas anderes zu tun.

Garesegos häßliche Gedankengänge waren sein eigenes Verderben. Er glaubte wahrhaftig, ein anderer Mann sei an seinem Hühnerhof interessiert, und wie jedem Hahn das Gefieder, sträubten sich ihm die Haare bei diesem Gedanken. Er dachte daran, einzugreifen und seinen Anspruch neu geltend zu machen, und deshalb fing er, nach zwei Wochen, als die Schwellung seines Auges abgeklungen war, Banabothe im Dorf ab und bat ihn, seiner Mutter eine Nachricht zu bringen. Er sagte, das Kind solle eine Antwort bringen. Auf dem Zettel stand »Liebe Mutter, ich komme wieder nach Hause, damit wir unsere Streitigkeiten beilegen können. Willst du mir ein Essen kochen und heißes Wasser vorbereiten, damit ich ein Bad nehmen kann. Gare.«

Dikeledi nahm die Nachricht entgegen, las sie und wurde von Wut gepackt. Alles, was darin mitschwang, war ihr klar. Er kam nach Hause, um etwas Sex zu bekommen. Sie hatten keine Streitigkeiten gehabt. Sie hatten nicht einmal miteinander geredet.

»Banabothe«, sagte sie. »Geh in der Nähe spielen! Ich möchte ein bißchen nachdenken, und dann werde ich dich mit der Antwort zu deinem Vater schicken.«

Ihre Gedankengänge waren ihr nicht ganz klar. Da war etwas, dessen sie nicht unmittelbar habhaft werden konnte. Ihr Leben war ihr während all der Jahre, in denen sie darum gekämpft hatte, den Lebensunterhalt für sich und die Kinder zu bestreiten, heilig geworden. Sie hatte ihr Leben mit Schätzen von Freundlichkeit und Liebe, die sie von anderen bekommen hatte, angefüllt, und all das wollte sie vor der Besudelung durch einen schlechten Mann bewahren. Ihr erster panischer Gedanke war, die Kinder zu nehmen und aus dem Dorf zu fliehen. Aber wohin? Garesego wollte keine Scheidung, sie hatte es ihm überlassen, in dieser Angelegenheit auf sie zuzukommen, sie hatte es unterlassen, einen anderen Mann zu nehmen. Sie drehte ihre Gedanken hin und her und konnte keinen Ausweg finden, als ihm gegenüberzutreten. Schriebe sie zurück: »Wage es nicht, deinen Fuß in den Hof zu setzen, ich will dich nicht sehen!«, würde er keine Notiz davon nehmen. Diese Art Macht besaßen schwarze Frauen nicht. Ein nachdenklicher, brütender Ausdruck überzog ihr Gesicht. Endlich einig mit sich selbst, ging sie in ihre Hütte und schrieb eine Antwort: »Sir, ich werde alles vorbereiten, wie du es gesagt hast. Dikeledi.« Es war gegen Mittag, als Banabothe mit der Antwort zu seinem Vater zurücklief. Den ganzen Nachmittag beschäftigte sich Dikeledi mit den Vorbereitungen für das Erscheinen ihres Mannes bei Sonnenuntergang. Kenalepe tauchte einmal im Hof auf und beobachtete verwundert die fortgeschrittenen Vorbereitungen, den großen eisernen Wasserkessel, voll mit Wasser, das brennende Feuer darunter, die zusätzlichen Kochtöpfe auf dem Feuer. Später erst erinnerte sich Kenalepe an das Messer. Doch es war nur ein vager Eindruck, ein großes Küchenmesser, mit dem man Fleisch schneidet, und Dikeledi kniete an einem Schleifstein und schärfte es langsam und systematisch. Was dann vor allem ins Auge fiel, war der entschiedene und tragische Ausdruck auf dem nach oben gewandten Gesicht ihrer Freundin. Es stürzte sie in Verwirrung und hemmte ihr üblicherweise freies und leichtes weibliches Geplauder. Als Dikeledi sagte: »Ich treffe ein paar Vorbereitungen für Garesego. Er kommt heut abend nach Hause«, trat Kenalepe ängstlich den Rückzug in ihr eigenes Heim an. Sie wußten, daß sie darin verwickelt waren; als sie es Paul gegenüber erwähnte, war er für den Rest des Tages heftig erregt und beunruhigt. Die ganze Zeit war er wie vor den Kopf geschlagen, gab auf Fragen keine Antworten, ließ gedankenabwesend eine Tasse Tee stehen, bis sie fast ganz kalt wurde, und immer wieder stand er auf und ging auf und ab, in seine eigenen Gedanken verloren. So tief war ihre Unruhe, daß sie sich gegen

Abend nicht mehr den Anschein der Unterhaltung gaben. Dann, gegen neun Uhr, hörten sie jenes wilde, verzweifelte Gebrüll. Beide stürzten sie gemeinsam auf den Hof von Dikeledi Mokopi.

Bei Sonnenuntergang kam er nach Hause und fand alles so für ihn vorbereitet, wie er es gewünscht hatte, und er machte es sich bequem, um dem Leben eines echten Mannes zu frönen. Er hatte eine Lage Bier mitgebracht, saß im Freien und genoß es bedächtig, wobei sein Blick hin und wieder über den Hof der Thebolos schweifte. Nur die Frau und die Kinder gingen im Hof umher. Der Mann war nicht zu sehen. Garesego lächelte bei sich, zufrieden, daß er, so laut er nur wollte, prahlen konnte, ohne auf Gegenwehr zu stoßen.

Eine Schüssel warmen Wassers wurde vor ihn gestellt, damit er seine Hände waschen konnte, und dann brachte ihm Dikeledi sein Essen. Ein wenig entfernt brachte sie auch den Kindern ihr Essen und wies sie dann an, sich zu waschen und zum Schlafengehen fertig zu machen. Sie stellte fest, daß Garesego nicht das geringste Interesse an den Kindern erkennen ließ. Er war völlig von sich selbst in Anspruch genommen und dachte nur an sich und sein eigenes Wohlbefinden. Jede Zärtlichkeit, die er den Kindern entgegengebracht hätte, mochte sie wohl umgestimmt und von der Tat, die sie den ganzen Nachmittag über sorgfältig geplant hatte, abgebracht haben. Auch sie befand sich außerhalb seiner Beachtung und Aufmerksamkeit, denn als sie endlich ihren Teller brachte und sich neben ihn setzte, streifte er kein einziges Mal ihr Gesicht. Er trank sein Bier und warf ab und zu einen Blick auf den Hof der Thebolos. Kein einziges Mal erschien der Mann des Hofes, bis es zu dunkel wurde, um noch irgend etwas unterscheiden zu können. Damit war er völlig zufrieden. Jeden Tag konnte er diese Vorstellung wiederholen, um den Eifer des anderen Hahns zu brechen und ihn zu provozieren. So etwas gefiel ihm.

»Garesego, glaubst du, du könntest mich bei Banabothes Schulgeld unterstützen?« fragte Dikeledi einmal.

»Oh, ich werd mir's überlegen«, erwiderte er nachlässig.

Sie stand auf und trug Eimer mit Wasser in die Hütte, die sie in eine große Blechwanne schüttete, damit er ein Bad nehmen könne, und während er badete, beschäftigte sie sich mit Aufräumen und den letzten noch an diesem Tag zu verrichtenden Hausarbeiten. Nachdem sie das erledigt hatte, ging sie in die Hütte der Kinder. Sie hatten tagsüber tüchtig gespielt und waren bereits erschöpft eingeschlafen. Sie kniete neben ihren Schlafmatten nieder und starrte sie lange Zeit an, mit einem Ausdruck äußerster Zärtlichkeit. Dann blies sie die Lampe aus und ging zu ihrer eigenen Hütte.

Garesego lag quer über das Bett ausgestreckt, in einer Art, die deutlich machte, daß er nur an sich selbst dachte und nicht beabsichtigte, mit irgend jemand anderem das Bett zu teilen. Von Essen und Trinken übersättigt, war er im selben Augenblick, als sein Kopf das Kissen berührte, in einen tiefen, festen Schlaf gesunken. Seine Konkubine hatte ihn zweifellos gelehrt, daß es für einen Mann das Gegebene sei, nackt zu Bett zu gehen. So lag er, ungeschützt und wehrlos, auf dem Rücken ausgebreitet im Bett. Die Badewanne schepperte laut, als Dikeledi sie aus dem Zimmer hinausschleppte, aber trotzdem schlief er weiter, für die Welt nicht mehr empfänglich. Sie kam wieder in die Hütte und schloß die Tür. Dann beugte sie sich nieder und griff nach dem Messer unter dem Bett, das sie nur unter einem Tuch versteckt hatte. Mit der Präzision und der Geschicklichkeit ihrer an Arbeit gewöhnten Hände packte sie seine Genitalien und schnitt sie mit einem Hieb ab. Dabei schlitzte sie die Hauptschlagader auf, die an der Leisteninnenseite entlanglief. Eine mächtige Blutfontäne schoß in hohem Bogen über das Bett. Und Garesego brüllte. Er brüllte seinen Schmerz heraus. Daraufhin war alles still. Sie stand da und beobachtete mit unverwandtem, brütendem Blick seine Todespein, keine Einzelheit entging ihr. Ein Klopfen an der Tür schreckte sie aus ihrer Versunkenheit. Der Junge war es, Banabothe. Sie öffnete die Tür und starrte ihn an, sprachlos. Er zitterte heftig.

»Mutter«, sagte er, erschrocken flüsternd. »Habe ich Vater nicht schreien gehört?«

»Ich habe ihn umgebracht«, sagte sie und schwenkte ihre Hand mit einer Geste in der Luft, die besagte – nun, das wäre erledigt. Dann setzte sie scharf hinzu: »Banabothe, lauf und hol die Polizei.«

Er drehte sich um und floh in die Nacht hinein. Ein zweites Paar Schritte folgte ihm dicht auf den Fersen. Kenalepe war es, die auf ihren eigenen Hof zurückrannte, halb von Sinnen vor Furcht. Aus der Dunkelheit kam Paul Thebolo auf die Hütte zu und trat ein. Jede Einzelheit nahm er in sich auf, dann wandte er sich um und sah Dikeledi mit einem derart gequälten Ausdruck an, daß er eine Zeitlang kein Wort hervorbrachte. Schließlich sagte er: »Du brauchst dich um die Kinder nicht zu sorgen, Mma-Banabothe. Ich nehme sie als meine eigenen an und schicke sie auf die höhere Schule.«

Der Monat Juli ist die Jagdsaison und das aus verschiedenen Gründen: Die Juniernte ist bereits eingebracht, jeder ist mit Mais versorgt, und es fehlt nur noch etwas Leckeres, was man zusammen mit dem Mais essen kann. Gewöhnlich ist dies auch die Zeit, in der die Tiere sehr fett sind, besonders in guten Regenjahren. Der Juli ist außerdem der kühlste Monat des ganzen Jahres, und wenn die Männer das Fleisch zum Trocknen aufhängen, müssen sie nicht befürchten, daß es verfault oder von Würmern befallen wird wie so oft im Sommer. Daher findet jeden Juli ein großer Auszug aller Männer aus dem Dorfalltag statt. Manchmal bleiben sie eine Woche, manchmal einen Monat weg. Im tiefen Busch führen sie ein rauhes Leben. Sie bauen Mosasanas oder behelfsmäßige Buschhütten: Sie schneiden Äste, errichten ein kegelförmiges Gerüst, bedecken es mit Gras und kriechen zur Nacht hinein, um gegen die Kälte geschützt zu sein. Und wenn sie im Löwengebiet jagen, entzünden sie nachts große Feuer, um die Löwen von ihren Camps fernzuhalten. Sie schießen Springböcke und Kuhantilopen und bringen genug Fleisch nach Hause, um ihre Familien drei oder vier Monate lang zu ernähren. Eine Jagdgemeinschaft besteht gewöhnlich aus vier bis fünf Männern. Die Zahl wird so klein gehalten, weil die Tiere die Menschen nicht wittern sollen. Sie würden sonst die Flucht ergreifen.

Vier Männer, Rapula, Tebogo, Lesedi und Kelebone standen ungeduldig wartend vor dem Hof Tholos. Tholo war der einzige Mann in ihrem Dorf, der einen Traktor mit einem Anhänger besaß, und aus diesem Grund wollte jeder mit Tholo auf die Jagd gehen. Wenn man nämlich mit Tholos Traktor loszog, mußte man sich nur ein, zwei Tage lang im Busch aufhalten, dann kehrte man mit dem frischen Fleisch zurück und konnte es in aller Ruhe im eigenen Hof trocknen. Von der Jagdbeute ging nichts verloren, weil die Frauen auch die Knochen abkochten, an denen noch Fleischstücke hingen.

Für zwei der Männer, Rapula und Tebogo, wurde die Wartezeit schließlich zu lang. Sie gingen in Tholos Hof. Tholo war damit beschäftigt, seinen Traktor zu reinigen und zu reparieren, denn er hatte gerade eben die Juniernte eingebracht.

»Wann brechen wir auf, Tholo?« fragte Rapula.

Tholo sah gelassen von seiner Arbeit auf. Er lächelte ihnen zu, aber nur mit den Augen. Er war sehr groß und dünn.

»Kommt *ihr* dieses Mal mit auf die Jagd?« fragte er mit ungezwungener Freundlichkeit.

»Ja,« entgegnete Rapula. »Und Lesedi und Kelebone kommen auch.«

Tholo nickte. Er war einverstanden. Die Männer losten untereinander aus, wer mit Tholo auf die Jagd gehen durfte, damit jeder Mann im Dorf einmal die Möglichkeit hatte, das Wild mit einem Traktor zu jagen.

»Laßt uns morgen in aller Frühe in den Busch aufbrechen«, sagte Tholo. Dann wandte er sich wieder seiner Arbeit zu. Das war seine Art – kein Geschwätz, kein unnötiges Gerede.

Die beiden Männer verabschiedeten sich und gingen. Als sie außer Hörweite waren, begann Rapula, ein kleiner dicklicher Mann mit Sinn für Komik, plötzlich loszukichern.

»Ich versteh Tholo einfach nicht«, sagte er, »manchmal ziert er sich wie ein Mädchen. Oder kennst du einen andern Mann, der so vornehm tut?« Und er äffte Tholos leicht ironische Überraschung und Freundlichkeit nach: ›Kommt *ihr* dieses Mal mit auf die Jagd...?‹ Er führt sich auf wie ein Herrscher, und dabei lebt er wie alle andern.«

»Vielleicht hat Kelebone recht«, sagte Tebogo nachdenklich. »Er meinte neulich, daß in einem Mann wie Tholo echte Lebenskraft steckt. Wir können froh sein, daß ein so guter Mann wie Tholo unter uns lebt...«

Darüber waren sich alle einig – Tholo war ein guter Mann. Er schlug nie eine Bitte ab und teilte alles, was er besaß, großzügig mit den anderen. Doch abgesehen davon schien der Mann in ihm allen Konflikten aus dem Weg zu gehen. Dem menschlichen Leben fehlte jede Ordnung, jede Vorbildlichkeit. Ordnung und Festigkeit fand er nur dort, wo eine innige Beziehung ihn band, oder wo er die Dinge unter Kontrolle hatte. Und eine innige Beziehung hatte er zu seiner Frau und zu seiner Arbeit.

Er hatte sich seine Frau, Thato, sorgfältig ausgesucht. Nach außen hin wirkte sie durchschnittlich, still und verschlossen.

Aber alle Frauen im Dorf wußten, daß sie ebenso großzügig war wie ihr Mann. Man mußte sie nur um etwas bitten, und sie gab es bereitwillig her, egal, was es war. Als Tholo um sie warb, hatte sie bereits ein Kind, ein Mädchen, von einem Mann, der sie verlassen hatte. Für die meisten Frauen war dies keine ungewöhnliche Erfahrung. Die meisten Männer redeten den Frauen ein, daß sexueller Verkehr früher oder später zum Standesamt führen würde. Anscheinend war dieser Trick ihre einzige Möglichkeit, kostenlos zu Sex zu kommen. Sie machten sich nicht viel aus den Frauen und hatten erst recht keine Achtung vor ihnen. Sie verschwendeten keinen Gedanken daran, welchen Schaden sie anrichteten – die Frauen, deren Bedürfnis nach Achtung und Zuneigung sie mit Füßen getreten hatten, wurden hart und gefühlskalt. Am Anfang ihrer Beziehung hatte Thato diese Erfahrung in knappen, präzisen Worten für Tholo zusammengefaßt. Sie hatte nichts dagegen, ein Kind zu bekommen – keiner hatte etwas gegen Kinder –, aber sie hatte etwas gegen die Tricks und die Unaufrichtigkeit der Männer.

»Frauen, die keine Ausbildung haben«, hatte sie gesagt, »sind nur dazu da, von den Männern ausgenutzt zu werden. Die Männer wollen alle eine gebildete Frau haben, und auch die behandeln sie dann schlecht. Diese Frauen arbeiten für ihre Männer und unterstützen sie, und trotzdem finden sie kein Glück in ihrer Ehe...«

Sie hatte innegehalten und dann ein wenig unsicher hinzugefügt: »Ich hatte lange darauf gewartet, daß der Mann mich heiratet. Dann entschloß ich mich, das Kind zu bekommen, weil ich sonst vielleicht zu alt geworden wäre und nie ein Kind gekriegt hätte...«

Dann hatte sie sich abgewandt und den Porridge umgerührt, der auf dem Feuer stand, mit einer Bewegung, die das Ganze als erledigt abtat. Ebenso unsentimental hatte sie zu Anfang ihre Beziehung betrachtet – als eine Angelegenheit, die möglicherweise bald erledigt sein würde, und die sie sich am besten gleich aus dem Kopf schlug. Es kostete eine Frau zuviel, einen Mann zu lieben.

Sie hatten sich kennengelernt, als Thatos Mutter Tholo bestellte, damit er mit seinem Traktor ihre Felder umpflügte. Es war das allererste Mal, daß ein Traktor auf ihre Felder kam. Zuvor hatten sie viele Jahre einen Mann mit einem Ochsengespann und einem einfachen Holzpflug ihr Land umpflügen lassen. (Auf ihrem Hof gab es nur Frauen; Thatos Vater war gestorben, als sie noch klein war, und sie lebte mit ihrer Mutter und zwei jüngeren Schwestern zusammen.) Es war ein neues und berauschendes Erlebnis gewesen zu beobachten, wie der Traktor den Boden umbrach; der Duft der frischen feuchten Erde stieg auf und breitete sich überall aus, und der Mann arbeitete rationell und gründlich, wie er es auf der Landwirtschaftsschule gelernt hatte. Am Spätnachmittag hatte er ihr gesamtes Feld umgepflügt und fuhr dann mit seinem Traktor weiter. In der Nacht tauchte in ihren Träumen immer wieder dasselbe Bild auf: Sie sah das zur Seite gewandte Gesicht eines Mannes, der konzentriert die Ackerfurchen betrachtete, die er gezogen hatte. Sie hatte ein wenig geweint: Die Entfernung zwischen ihm und ihrer eigenen bescheidenen Existenz schien allzu groß. Es gab so viele Frauen wie sie, die arbeiten und pflügen konnten, und die nicht damit rechnen durften, daß das Leben noch etwas Besonderes für sie bereithielt.

Als sie ihm nach dem Pflügen in einem Dorfladen wiederbegegnete, waren sie keine Fremden mehr. Die Liebe ist ein tollkühnes Gefühl, und wenn eine Frau von ihr überwältigt wird, sagt sie sich vielleicht: »Sie sind ja alle gleich. Er wird zwei Monate lang kommen und dann für immer verschwinden. Aber ich will keinen andern, auch wenn er sich irgendwann eine andere nehmen wird. Was soll's...« Und so ging Thato, ohne sich etwas Bestimmtes für die Zukunft zu erhoffen, eine Liebesbeziehung mit Tholo ein. Nach zwei Monaten hatte sie das Gefühl, daß irgend etwas in eine falsche Richtung lief, – er war ein Mann, der Ehrfurcht erweckte, nicht Liebe. Eine tiefe Niedergeschlagenheit überwältigte sie, und eines Abends, als er sie besuchte, war sie so verschlossen und mürrisch, daß sie ihn kaum begrüßte.

»Was ist los?« fragte er auf seine gelassene Art.

Einige Augenblicke starrte sie unverwandt in das Feuer, neben dem sie saßen. Dann kam sie zu einer plötzlichen Entscheidung. Es ging letztlich nur darum, ihn wieder laufen zu lassen, und sie dachte sich: Ach, ich erzähl ihm einfach, daß ich ein Kind erwarte. Ich hasse sie sowieso alle. Voller Trotz und Zorn sagte sie es ihm, und er zeigte überhaupt keine Reaktion. Sie hatte ein Stück Brennholz aufgehoben und begann scharfe, nervöse Linien in die Erde zu ritzen. Als er ihr antwortete, schienen seine Worte direkt in ihre gequälte Seele zu dringen.

»Wir können heiraten«, sagte er sanft. »Ich werde mich darum kümmern.«

Sie hatte ein wenig den Kopf geschüttelt, betäubt durch die Tatsache, daß sein Leben, das sie sich so schön vorstellte, plötzlich in unmittelbare Nähe ihres eigenen Lebens gerückt war. Dann hatte sie ein wenig gelacht, erleichtert, friedfertig. Die Ehen wurden heutzutage nicht mehr von den Eltern geschlossen wie früher einmal. Männer und Frauen konnten jetzt selbst entscheiden, wen sie heiraten wollten.

»Ich hab dir nichts zu bieten, Tholo«, sagte sie bescheiden. »Du siehst ja, daß wir sehr arm sind. Das einzige, was ich kann, ist pflügen.«

Sie hatte sich umgedreht und verwundert sein Gesicht betrachtet. Er hatte gelächelt, aber nur mit den Augen. Sie hatte eine Weile gebraucht, um herauszufinden, was dieses Lächeln bedeutete: Es bedeutete, daß er niemals einen anderen verletzen konnte, daß er eine tiefe Ehrfurcht vor allem Lebenden hatte. Erst viel später fanden sie wirklich zueinander und begannen über alles mögliche zu sprechen: über Ackerbau, über Viehzucht, über die Leute. Aber an jenem Abend zögerte er noch, seine Gedanken mit ihr zu teilen. Sie lebten mitten in jener ungewissen Geschichte, die sich Unabhängigkeit nannte. Sie bot den Männern Möglichkeiten, die es vor ein paar Jahren noch nicht gegeben hatte. Farmer und Viehzüchter wie er waren wichtig. Er nahm an einem landwirtschaftlichen Schulungsprogramm der Regierung teil, und man hatte ihm einen Ausbilder zur Seite gestellt, der auf den Feldern und Viehgehegen mit ihm zusammenarbeitete. Es war sehr wichtig, ob ein Mann in der Lage war, jede neue Idee oder Gelegenheit aufzugreifen. Thato war der Typ von Frau, der dieses Leben mit ihm teilen konnte.

Als er sie seiner Familie vorstellte, lehnte sie sie aus eben den Gründen ab, aus denen er sie zur Frau wollte. Eine seiner

Tanten faßte das abschließende Urteil der Familie zusammen: »Sie ist eine Frau, die das Leben kennt. Außerdem ist sie viel zu alt...«

Sie meinte, daß Thato, nach ihrem lebenserfahrenen Gesicht zu schließen, eine Frau war, die denken konnte. Wenn ein Mann heiratete, sollte er sich offenbar möglichst ein fröhliches, leichtfertiges Häschen aussuchen, das nichts im Kopf hatte und zehn Jahre jünger war als er. Und dann wunderten sich alle über die vielen unglücklichen Ehen, die höchstens sechs Monate oder ein Jahr hielten!

Sie waren seit drei Jahren verheiratet, und sie waren zufrieden mit ihrem Leben, denn sie gingen ganz in ihrer Arbeit und ihrer tätigen Nächstenliebe auf. Nicht lange, nachdem die beiden Männer, Rapula und Tebogo, gegangen waren, kam Thato in den Hof, einen Eimer Wasser auf dem Kopf. Tholo sah wieder von seiner Arbeit auf, und da sie merkte, daß er eine Bitte hatte, ging sie zu ihm. Sie setzte den Wassereimer ab und stellte ihn neben den Traktor.

»Bereitest du ein wenig Proviant vor?« fragte er. »Ich gehe morgen mit Rapula, Tebogo, Lesedi und Kelebone auf die Jagd.« Sie stützte sich mit einer Hand leicht auf den Traktor.

»Die Tiere werden dieses Jahr sehr fett sein«, sagte sie. »Sogar unsere Kürbisse und Wassermelonen sehen wie aufgepumpt aus. Sie sind enorm groß.«

Früh am nächsten Morgen brachen die fünf Männer wie geplant zu ihrem Jagdausflug auf. Wie immer nach einer guten Regenzeit wehte ein leichter Wind über das Land. Im Juli folgte ein stiller blauer Tag dem anderen, und die Erde schien sich vorübergehend auf sich selbst zu besinnen und in der milden Wärme der Wintersonne einzuschlafen. Die honigfarbenen Gräser tanzten in der sanften Brise wie Tausende kleiner Mädchen mit raschelnden Röcken. In dieser entspannten Atmosphäre jagten die fünf Männer. Am Vormittag des zweiten Tages hatten sie so viele Tiere geschossen, wie sie brauchten, und kehrten dann am späten Nachmittag heim. Auf ihren Höfen ging es bis nach Sonnenuntergang hoch her. Über Kohlefeuern wurde Fleisch geröstet, die Kinder aßen sich voll, bis ihre Bäuche fast platzten, und lange nachdem sie sich schlafen gelegt hatten, saßen die Erwachsenen noch draußen an den Feuern, wo die Knochen in großen Eisenkesseln kochten; am nächsten Morgen würden Gäste kommen, um ein wenig von der Jagdbeute zu kosten.

Tholo liebte die Abendstunden auf seinem Hof. Es war immer die gleiche vertraute Szene. Er saß auf einem niedrigen Stuhl, seine Frau saß auf dem Boden, ein Bein angezogen, das andere ausgestreckt. Sie blickte stets nachdenklich ins Feuer, bis er irgendwann fragte:

»Was gibt's Neues?«

Sie hatte die Fähigkeit, sich mit Konflikten auseinanderzusetzen, die ihm fehlte. Wie alle Frauen nahm sie an dem Klatsch und den Streitigkeiten des Dorfes regen Anteil. Sie wußte alles, aber mit dem untrüglichen Instinkt einer guten Geschichtenerzählerin pickte sie aus der Masse der alltäglichen Kalamitäten nur die interessantesten heraus. Und er kommentierte die Geschichten gern mit dem Satz: »Die Leute können einfach nicht anständig miteinander umgehen«, als ob dies die Wurzel allen Übels wäre. Als er an diesem Abend fragte: »Was gibt's Neues?«, begann sie: »Von den Viehgehegen kam heute die Nachricht, daß einer der Jungbullen, der noch nicht kastriert worden ist, einen älteren Bullen angegriffen hat und ziemlich schwer verwundet wurde...« Sie verstummte einen Augenblick und zog die Brauen zusammen. Bei einem Ehepaar im Dorf hing der Haussegen schief. »Felicia und ihr Mann haben wieder Krach miteinander gehabt. Es ist ein Jammer, die beiden sind schließlich erst frisch verheiratet, aber Felicia war ja nie ganz normal, auch nicht vor ihrer Ehe. Damals war sie wenigstens noch recht umgänglich, aber seit ihrer Hochzeit zankt sie sich jeden Tag mit ihrem Mann. Aus ihrem Hof hört man nur noch Geschrei und Gezeter. Sie hat sich geweigert, dieses Jahr zu pflügen, weil sie meinte, daß ihr Mann einen guten Job hätte und sie nicht einsehen würde, warum sie sich nicht ein bißchen ausruhen sollte. Aber anscheinend ist ihr Mann auch nicht ganz normal. Heute hat er seinen guten Job aufgegeben und gemeint, er würde sich auch ein bißchen ausruhen, weil Rumsitzen und Faulenzen auf seinem Hof anscheinend Sitte wäre. Keiner weiß, wie dieses Durcheinander enden soll, aber wenn sie nichts mehr zu essen haben, muß man schließlich was tun...«

Und die Stimme erzählte und erzählte von dem unglaublichen Wirrwarr und dem Chaos, das die Leute aus ihrem Leben machten. Von Thato wußte er auch, daß Rapula vor nicht zu langer Zeit ein Verhältnis mit einer Kaschemmenwirtin angefangen hatte und jede zweite Nacht stockbetrunken nach Hause kam und seine Frau verprügelte, weil sie schimpfte und jammerte. Was tun? Die Welt war einfach nicht in Ordnung zu bringen. Sie würde immer ein einziges, böses Durcheinander bleiben. Und darum hatte er Rapula auch angelächelt wie Gott, so sanft und freundlich.

dtv drei kontinente

Gioconda Belli: In der Farbe des Morgens (11565)
J. M. Coetzee: Im Herzen des Landes (11566)
Bessie Head: Die Schatzsammlerin (11639)
Nâzım Hikmet: Die Luft ist schwer wie Blei (11570)
Yasunari Kawabata: Handtellergeschichten (11621)
Ruth Prawer Jhabvala: Eine Witwe mit Geld (11569)
Alifa Rifaat: Erste Liebe – letzte Liebe (11586)
João Guimarães Rosa: Grande Sertão (11598)
Nawal El Saadawi: Hamidas Geschichte (11571)
Ghada Samman: Alptraum in Beirut (11567)
  Mit dem Taxi nach Beirut (11646)
José Mauro de Vasconcelos: Meine Brüder, der Wind und das Meer (11572)

Drei Kontinente. Ein Lesebuch aus Lateinamerika, Asien, Afrika und der arabischen Welt (11568)

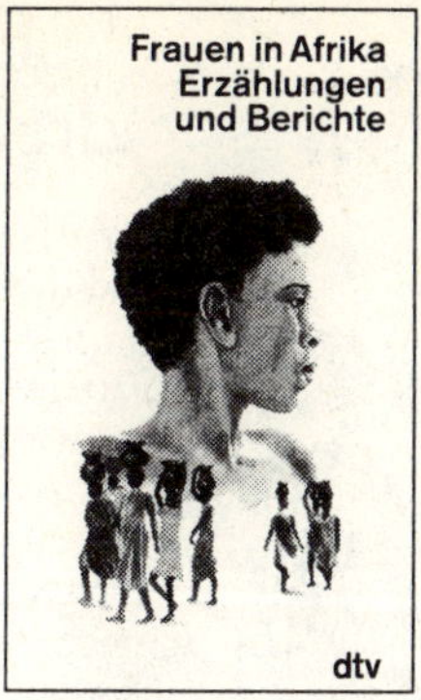

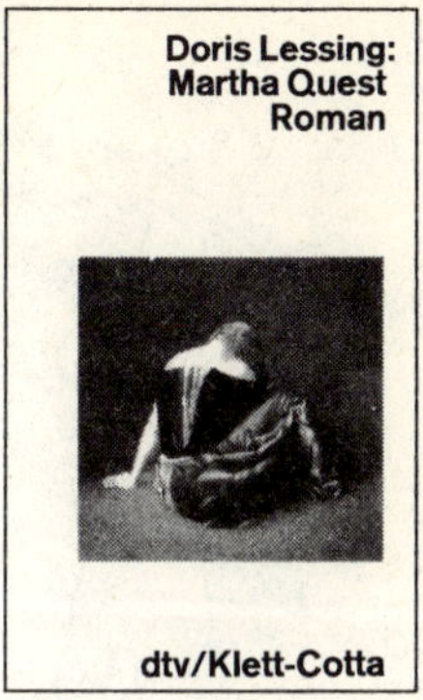

Afrika

Mark Mathabane:
Kaffern Boy
Ein Leben in der
Apartheit
dtv 10913

Peter Scholl-Latour:
Mord am großen Fluß
Ein Vierteljahrhundert
afrikanische
Unabhängigkeit
dtv 11058

Marion Gräfin Dönhoff:
Der südafrikanische
Teufelskreis
Reportagen und
Analysen
dtv 11110

Frauen in Afrika
Erzählungen
Herausgegeben von
Irmgard Ackermann
dtv 10777

J.M. Coetzee:
Warten auf die
Barbaren
Roman
dtv 10729

J.M. Coetzee:
Leben und Zeit des
Michael K.
Roman
dtv 10928

Ernst Jünger:
Afrikanische Spiele
Roman
dtv/Klett-Cotta 10688

Wole Soyinka:
Die Ausleger
Roman
dtv 10726

Antonio Lobo Antunes:
Der Judaskuß
Roman
dtv 11120

Doris Lessing:
Kinder der Gewalt
Romanzyklus in fünf
Bänden

Band 1:
Martha Quest
dtv 10446

Band 2:
Eine richtige Ehe
dtv 10612

Band 3:
Sturmzeichen
dtv 10784

Band 4:
Landumschlossen
dtv 10876

Band 5:
Die viertorige Stadt
dtv 11075

11568
Erzählungen, Reportagen, Gedichte von Menschen aller Rassen und Religionen aus Lateinamerika, Afrika, Asien und der arabischen Welt.

11569
Von europäischen Selbstverwirklichungs-Touristinnen, von missionarisch angehauchten Wohlfahrtsclub-Memsahibs und natürlich vom Kampf der indischen Frauen gegen die Fesseln der Konvention.

11570 (Sept. '92)
Im poetischen Werk dieses größten türkischen Dichters im 20. Jahrhundert spiegelt sich beispielhaft die Geschichte der Türkei und ihrer Menschen wider, in deren Dienst er sein eigenes Leben stellte.

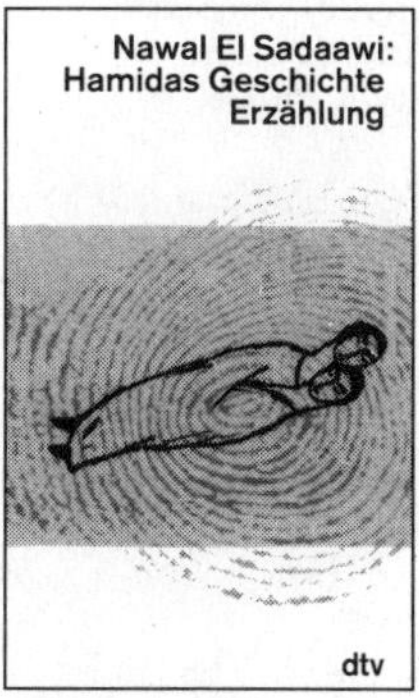

11571 (Sept. '92)
Mit hypnotischer Intensität schildert Nawal El Sadaawi, die ägyptische Vorkämpferin der Frauen aus der patriarchalischen Gewalt, das Schicksal des Mädchens Hamida.

11572 (Sept. '92)
Der Waisenjunge Chicão auf der Suche nach einer »lebenswerten Existenz«. Ein Schicksalsroman und bei aller Sozial- und Gesellschaftskritik eine Liebeserklärung an Brasilien.

Frauen der Welt im dtv

Frauen in Afrika
Herausgegeben von
Irmgard Ackermann
dtv 10777

Frauen in der arabischen Welt
Hrsg. v. Suleman Taufiq
dtv 10934

Frauen in China
Hrsg. v. Helmut Hetzel
dtv 10532

Frauen in der DDR
Hrsg. v. Lutz W. Wolff
dtv 1174

Frauen in Frankreich
Herausgegeben von
Christiane Filius-Jehne
dtv 11128

Frauen in Griechenland
Herausgegeben von
Maria Bogdanu u.a.
dtv 11396

Frauen in Indien
Herausgegeben von
Anna Winterberg
dtv 10862

Frauen in Irland
Hrsg. v. Viola Eigenberz
und Gabriele Haefs
dtv 11222

Frauen in Italien
Herausgegeben von
Barbara Bronnen
dtv 11210

Frauen in Japan
Hrsg. von Barbara
Yoshida-Krafft
dtv 11039

Frauen in Lateinamerika 1
Herausgegeben von
Marco Alcantara
und Barbara Kinter
dtv 10084

Frauen in Lateinamerika 2
Herausgegeben von
Marco Alcantara
dtv 10522

Frauen in New York
Herausgegeben von
Margit Ketterle
dtv 11190

Frauen in Persien
Herausgegeben von
Touradji Rahnema
dtv 10543

Frauen in der Schweiz
Herausgegeben von
Andrea Wörle
dtv 11329

Frauen in Skandinavien
Herausgegeben von
Gabriele Haefs und
Christel Hildebrandt
dtv 11384

Frauen in der Sowjetunion
Herausgegeben von
Andrea Wörle
dtv 10790

Frauen in Spanien
Herausgegeben von
Marco Alcantara
dtv 11094

Frauen in Südafrika
Herausgegeben von
Dorothea Razumovsky
dtv 11347

Frauen in Thailand
Herausgegeben von
Hella Kothmann
dtv 11106

Frauen in der Türkei
Herausgegeben von
Hanne Egghardt und
Ümit Güney
dtv 10856